독일 고전주의

문학의 기본 개념 26

독일 고전주의

임홍배 지음

연세대학교 대학출판문화원

문학의 기본 개념 26

독일 고전주의

지 은 이 임홍배
펴 낸 곳 연세대학교 대학출판문화원
주 소 서울특별시 서대문구 연세로 50
전 화 02)2123-3380~2
팩 스 02)2123-8673
http://press.yonsei.ac.kr
ysup@yonsei.ac.kr
인 쇄 (주)태화북스

2016년 8월 10일 1판 1쇄
ISBN 978-89-6850-165-4 (93800)

값 12,000원

머리말

이 책은 독일 고전주의 문학에 관한 입문서이다. 독일 고전주의는 종래에는 괴테(1749~1832)가 바이마르에서 활동하기 시작한 1770년대 후반부터 후기 괴테에 이르는 시기의 문학사조를 가리키는 것으로 이해되어 왔다. 하지만 이러한 시기설정은 지나치게 괴테 중심의 문학사관에 치우친 것이며, 또 괴테의 후기 문학은 고전주의라는 규범으로 포괄하기 곤란한 복잡다기한 양상을 보여준다. 그리고 괴테의 창작활동 후반기는 다음 세대의 낭만주의 작가들이 활발하게 활동한 시기와 겹치기 때문에 그 시기까지 고전주의에 포함시키는 데는 무리가 따른다. 이러한 이유에서 이 책에서는 괴테가 이탈리아 여행에서 돌아온 1780년대 후반부터 특히 괴테가 쉴러(1759~1805)와 긴밀한 공동 작업을 수행하는 1790년대 중반 이후 쉴러가 서거한 1805년까지를 독일 고전주의로 설정하고자 한다.

독일 고전주의의 산실 바이마르는 1800년 무렵 인구 7천 명 정도의 소도시였다. 당시 독일은 수십 개의 크고 작은 공국(公國)으로 분열되어 있었고, 바이마르를 도읍지로 삼았던 작센 · 아이제나흐 · 바이마르 공국 역시 그런 작은 공국의 하나였다. 일찍이 중앙집권 국가를 세웠던 영국이나 프랑스와 달리 정치적 · 문화적 구심이 부재했던 독일의 변방 소도시 바이마르에서 고전주의 문화가 꽃피었다는 것은 얼른 납득하기 힘든 특이한 현상이다. 하지만 다른 관점에서 보면 역사적 낙후성과 열악한 현실상황을 극복 · 만회하기 위해서라도 휴머니즘 이념을 근간으로 하는 정신문화의 함양에 열성을 쏟았다고 이해할 수도 있을 것이다. 여기에다 빌란트(1733~1813), 헤르더(1744~1803), 괴테, 쉴러 등 당대 최고의 지식인과 문인들이 바이마르에 집결했던 것도 역사의 행운이었다. 어느 독일 학자가 비유하듯 바이마르 고전주의는 아리스토텔레스가 말한 드라마의 '3통일 법칙'을 역사현실로 구현한 형국이었다. 바이마르라는 제한된 '공간'에서 거의 같은 '시기'에 뜻을 함께 하는 주역들이 합심하여 일구어낸 찬란한 문화적 성취였던 것이다.

독일 현대사의 중요한 고비마다 바이마르가 (정치경제적 강대국이 아닌) '문화독일'의 역사적 상징으로 호명되었던 것도 그런 맥락에서 이해될 수 있다. 1차 세계대전이 끝난 후 독일은 전범국가의 오명을 씻고 새 출발을 다짐하면서 독일 역사상 최초의 민주공화국을 수립했을 때 '바이마르 공화국'을 표방했다. 그리고 2차대전 후 독일이 서독과 동독으로 분단된 이후 1949년 괴테 탄생 200주년을 맞이했을 때도 괴테의 휴머니즘 정신을 고취하는 열기가 고조되었다. 또한 독일이 통일된 이후 1999년에는 바이마르가 유럽문화도시로 등재됨으로써 통일 독일이 문화국가를 지향한다는 것을 거듭 환기시키는 계기가 되었다.

다른 한편 바이마르의 역사적 상징성에 대한 지나친 강조는 독일 고전주의와 그 대표작가 괴테를 신비화하는 부작용도 초래한 것이 사실이다. 독일 고전주의의 휴머니즘 정신을 독일문화의 정통성으로 부각시킬 경우 극단적 과오를 거듭해온 독일 현대사의 어두운 그늘을 은폐하는 결과가 빚어질 수도 있는 것이다. 다행히 1970년대 이래 학계에서 독일 고전주의에 대한 신비화를 비판적으로 해체하는 작업이 활발히 이루어져서 공정한 시각으로 독일 고전주의를 평가할 수 있는 기반이 마련되었다고 할 수 있다.

이 책에서는 그러한 연구 성과를 충실히 반영하여 (독)문학 전공 학생들이나 문학에 관심을 가진 독자들이 독일 고전주의 문학을 일목요연하게 개관할 수 있도록 가능하면 평이하게 서술하고자 노력하였다. I장에서는 고전주의 일반과 독일 고전주의의 개념 및 주요 특징을 정리하고, 서양 고전주의의 원류라 할 수 있는 고대 그리스 고전주의를 간략히 소개하였다. II장에서는 독일 고전주의를 태동시킨 이론적 배경을 빙켈만의 고대 예술론, 헤르더의 역사주의, 괴테의 자연미학과 상징 개념, 쉴러의 미적 교육론 등으로 나누어 개관하였다. III장에서는 독일 고전주의 문학예술론을 괴테의 '라오콘' 해석과 아리스토텔레스 비극론 재해석, 그리고 쉴러의 비극론을 중심으로 살펴보았다. IV장에서는 고대의 서사시와 드라마가 근대적 상황에 맞게 어떻게 계승되고 혁신되었는가를 괴테의 작품을 사례로 분석하였다. V장에서는 괴테와 쉴러의 시 · 소설 · 희곡 중에서 대표적인 작품들을 간결하게 분석하여 독일 고전주의 문학에 대한 구체적 이해를 돕고자 하였다.

차 례

〈약어〉

『문학론』 = 괴테: 『문학론』, 안삼환 역, 민음사 2010.

『예술론』 = 괴테: 『예술론』, 정용환 역, 민음사 2008.

『대화』 = 에커만: 『괴테와의 대화 1, 2』, 장희창 역, 민음사 2008.

『서한』 = 쉴러: 『인간의 미적 교육에 관한 서한』, 윤선구 외 역, 대화문화아카데미 2015.

『시 전집』 = 괴테: 『시 전집』, 전영애 역, 민음사 2009.

『용어사전』 = 김병옥 외: 『도이치 문학 용어사전』, 서울대학교 출판부 2001.

HA = Goethes Werke. Hamburger Ausgabe.

FA = Goethes Werke. Frankfurter Ausgabe.

WA = Goethes Werke. Weimarer Ausgabe.

NA = Schillers Werke. Nationalausgabe.

I.

고전주의와 독일 고전주의

1. 고전주의 개념에 대하여

독일어권에서 표준적인 문학사전으로 간주되는 『독일 문예학 용어사전』은 고전주의를 다음과 같이 정의하고 있다.

① 다른 한편 고전주의(Klassik)는 문학사에서 (또한 음악이나 미술의 역사에서) '고전'을 양식으로 구현한 시대, 그리고 고대 그리스 로마의 전범을 창조적으로 계승한 시대를 가리킨다. 좁은 의미에서 이것은 독일 고전주의 또는 바이마르 고전주의에 해당된다. ② 여기에서 출발하여 한편으로 비독일어권 민족문학에서 고대 그리스 로마를 전범으로 삼는 시대들(예컨대 프랑스의 '고전주의 시대' 또는 영국의 '오거스턴 시대')이 고전주의로 분류된다. ③ 그 다음으로 고전주의는 독일 고전주의처럼 명시적으로 고대 그리스 로마 문학을 전범으로 삼지 않더라도 각국

문학의 '정점'('전성기')을 가리키는 개념으로 확장된다(Thomé, 1997:266).(번호는 인용자에 의함)

①에서 말하는 '고전'이란 일반적인 의미로는 세계문학의 '정전'으로 꼽히는 걸작을 가리키지만, 고전주의와 관련된 엄격한 양식 개념으로 사용할 때는 형식의 객관성과 완결성, 장르의 명확한 구별, 부분과 전체의 조화 등의 양식원리를 준수하면서 휴머니즘 이념을 추구하는 작품을 가리킨다. 이러한 양식원리와 휴머니즘의 이상은 고대 그리스 로마 문학에서 선구적으로 탁월하게 구현되었다. 따라서 근대 각국 민족문학의 고전주의는 고대 그리스 로마 문학을 이상적 전범으로 삼으며, 독일 고전주의 역시 그러하다. 독일 고전주의를 대표하는 괴테(Goethe, 1749~1832)와 쉴러(Schiller, 1759~1805)가 바이마르에서 활동했기 때문에 독일 고전주의는 바이마르 고전주의라 일컬어지기도 한다.

② 프랑스 문학에서는 극작가 라신(Racine), 코르네유(Corneille), 몰리에르(Moliére)가 활동했던 17세기를 '고전주의 시대'라 일컫는다. 그리고 영국 문학에서는 포프(Pope)와 스위프트(Swift) 등이 활동했던 18세기 전반기의 이른바 '오거스턴 시대'(augustan age)를 고전주의로 분류한다. 서구 문학에서는 독일이 가장 늦게, 마지막으로 고전주의 시대를 맞이한 셈이다.

③ 그런데 각국 민족문학의 전성기라는 의미로 고전주의

를 확장할 때는 해당 시대의 양식이 앞에서 말한 엄격한 고전적 양식원리와 충돌하는 현상이 나타난다. 예컨대 스페인 문학사에서 세르반테스(Cervantes)와 깔데론(Calderón)이 활동했던 17세기는 스페인 근대문학의 전성기에 해당된다. 그런데 이 시대의 주된 양식 원리는 진기한 기교와 과장법을 즐겨 구사하고 작가의 주관적 개성이 두드러진 바로크 양식으로, 고전적 양식과는 상충한다.

어원상 '고전적'이라는 말이 처음 사용된 것은 기원후 2세기 고대 로마에서였다. 당시 civis classicus라는 말은 원래 '세금을 가장 많이 내는 시민계층'이라는 뜻에서 유래하여 타인의 귀감이 될 만한 '탁월한 시민' 내지 '모범적 시민'이라는 의미로 사용되었다(Voßkamp, 2000:292). 이런 어법이 문학에 전용되어 '탁월한 작가' 내지 '모범적 작가'를 뜻하는 scriptor classicuss라는 용어가 생겨났다. 이러한 초기 용법에는 고대 그리스 문학과 예술을 이상적 전범으로 본받는다는 의미보다는[1] 자국어를 탁월하게 구사하는 작

1) 하지만 게르하르트 슐츠는 고대 로마의 아우구스투스 황제 시대(1세기)에 이미 기원전 5세기의 고대 그리스 문학과 예술을 이상적 전범으로 추구하는 흐름이 생겼다고 보는데, scriptor classicus라는 말을 만들어낸 아울루스 겔리우스(Aulus Gelius)가 그리스에서 1년 동안 체류하면서 고대 그리스 문학과 예술을 연구했고 또 고대 그리스의 문화유적이 상당 부분 고대 로마에 상존했다는 사실을 그 근거로 꼽는다. Gerhard Schulz, Sabine Doering: Klassik, München 2003, 23면 참조.

가라는 뜻이 우세했다.

독일 문학사에서 괴테와 쉴러가 활동하던 시기를 고전주의라 일컫기 시작한 것은 19세기 중반에 이르러서이며, 괴테나 쉴러는 자신들을 '고전적' 작가라 칭하지 않았다. 괴테는 「문학적 상퀼로트주의」(1795)라는 글에서 "우리는 그 어떤 독일 작가도 자기 자신이 고전적이라고 생각하지 않을 것이라고 확신"(『문학론』, 38)한다는 입장을 피력했다. 문학사가 하인리히 라우베(H. Laube)가 1839년에 출간한 『독일 문학사』에서 처음으로 18세기 중반부터 괴테와 쉴러가 활동한 시기까지의 독일 문학을 '민족문학의 고전주의'라 일컬었다. 그리고 1859년 쉴러 탄생 100주년을 기리는 축제의 분위기 속에서 '바이마르 고전주의' 내지 '고전적 바이마르'라는 용어가 처음 사용되었다. 후대의 문학사에서 독일 고전주의는 넓게는 괴테가 창작활동을 시작한 1770년대부터 괴테가 사망한 1832년까지를 가리키기도 한다. 하지만 근래에 와서는 대개 괴테가 이탈리아 여행을 떠나 창작의 중요한 전환기를 맞이하는 1786년부터 쉴러가 사망한 1805년까지의 시기를 가리키는 개념으로 통용된다. 독일 고전주의의 주요 특징에 관해서는 뒤에서 자세히 살펴보기로 하고, 먼저 괴테와 쉴러가 1790년대 중반부터 긴밀한 공동 작업을 하면서 이상적 전범으로 삼았던 고대 그리스 고전주의의 중요한 특징을 간략히 개관하기로 하겠다.

2. 고대 그리스의 고전주의

(1) 호메로스의 서사시

괴테와 쉴러가 주로 참조했던 고대 그리스 문학은 호메로스의 서사시와 고전 비극이다. 기원전 8세기에 활동한 호메로스의 서사시 『일리아드』와 『오디세이』는 고대 그리스적 표현양식과 인간상의 원형을 보여준다. 호메로스 서사시의 언어는 추상적 표현을 사용하지 않고 생생한 감각적 느낌을 전달한다. 예컨대 『오디세이』의 결말부 제24권에서 고향으로 돌아온 오디세이는 시골에서 농사를 지으며 은거하는 아버지 라에르테스를 찾아가는데, 한때 이타카의 왕이었던 라에르테스는 왕권을 계승할 아들 오디세이가 트로이 전쟁 출정 후 20년이 지나도록 감감 무소식이자 권좌를 내려놓고 농부로 은거하고 있는 것이다. 이 장면에서 라에르테스가 아들을 알아보지 못하자 오디세이는 짐짓 낯선 손님처럼 가장하고서 5년 전에 오디세이를 만난 적이 있다고 말한다. 그러자 라에르테스는 "두 손으로 시커먼 흙먼지를 움켜쥐더니/크게 신음하며 자신의 백발 위에 그것을 쏟아 부었다."(316~317행)라고 묘사된다. 5년 전까지는 아들이 살아 있었다는 안도감과 그 후의 생사를 알지 못하는 안타까움이 교차하는 아버지의 막막한 심경을 일체의 군더더기 설명 없이 구체적인 몸짓으로 생생하게 묘사하는 것이다.

그 다음으로 호메로스에 등장하는 인간은 자연과 일체를 이루는 모습을 보여준다. 아버지가 슬퍼하는 모습을 보고 오디세이가 '가슴이 찡하고 콧등이 시큰해서' 자기가 아들임을 밝히자 그래도 라에르테스는 믿지 못하겠다며 아들이라는 증거를 대보라고 말한다.[2)] 그러자 오디세이는 어릴 적에 온갖 나무들을 구해달라고 아버지를 졸라서 '배나무 열세 그루와 사과나무 열 그루와 무화과나무 마흔 그루'를 선물로 받았고 또 '포도나무 쉰 줄'을 주겠다는 약속도 받았노라고 말한다. 여기서 오디세이는 트로이 전쟁의 영웅이자 이타카의 왕위계승자이기 이전에 대지에 뿌리 내린 소박한 자연인임을 실감할 수 있다. 10년 동안 트로이 전쟁을 치르고 나서 다시 10년 동안 거친 바다와 싸우며 온갖 모험을 겪고서도 어린 시절의 무구한 기억을 그대로 간

2) 바로 앞의 제23장에서 오디세이가 아내 페넬로페와 재회할 때도 페넬로페는 오디세이를 알아보지 못한다. 제11권 저승 편에서 오디세이가 저승에 있는 아가멤논 왕을 만났을 때 아가멤논은 오디세이에게 고향 땅을 밟을 때 아무도 알아보지 못하게 변장하라고 충고했기 때문이다. 트로이 전쟁에서 승리하고 돌아온 개선장군 아가멤논은 그의 아내에 의해 살해되었기 때문에 아무도 믿지 말라고 조언해준 것이다. 아버지 라에르테스가 아들 오디세이를 알아보지 못하는 또 다른 이유는 아들의 모습에 대한 기억이 20년 전의 모습으로 너무나 생생하게 각인되어 있어서 오랜 세월 동안 전쟁을 치르고 거친 풍랑을 헤치고 돌아온 아들의 변화한 모습을 알아보지 못하기 때문일 것이다.

직하고 있는 것이다.

오디세이가 항해 중에 마주친 칼립소, 사이렌 등의 요괴를 교묘하게 물리치고 따돌리는 대목은 흔히 '지략가' 오디세이의 면모를 부각시키는 서사로 해석된다. 하지만 거친 바다 한가운데서 마주친 정체불명의 요괴는 인간의 이성으로 파악하기 어려운 자연의 신비와 불가사의를 상징한다고 볼 수도 있다. 그렇게 보면 오디세이는 자연의 비밀을 가장 잘 이해하는 인간이다. 그런 맥락에서 괴테는 자연의 궁극적 운행원리이자 현상형태인 '근원현상'(Urphänomen)을 『오디세이』에 등장하는 변신의 귀재 프로테우스에 견준 바 있다.[3] 괴테가 말하는 근원현상이란 변화무쌍한 자연현상 속에서 항상 작용하면서 감각적인 현상으로 그 모습을 드러내는 근원적 원리로, 오디세이의 영혼은 바로 그런 의미에서 자연의 근원현상과 통해 있는 것이다.

또한 호메로스가 묘사하는 인간은 영혼과 육체가 분리되지 않은 전인(全人)이다. 호메로스의 언어에는 살아 있는 영혼과 육체를 가리키는 낱말이 따로 없다.[4] psyche는 죽

3) 프로테우스는 바다의 신 포세이돈의 아들로 '모든 바다의 깊이'와 '안전한 항로'를 아는 예언의 능력을 지닌 존재다. 트로이 전쟁에서 귀환하는 메넬라오스 왕은 거친 바다를 헤쳐가기 위해 프로테우스를 통해 귀향의 항로와 자신에게 닥쳐올 운명을 알아내고자 포세이돈을 결박하려 하지만, 프로테우스는 물과 불, 다양한 동물의 형상과 심지어 나무로도 변신하면서 메넬라오스의 공격을 피한다. 『오디세이』 제4권, 349~570행 참조.

은 사람의 '혼령'을 가리키며, soma는 '시신'을 뜻한다. 다시 말해 호메로스적 인간은 죽고 난 뒤에야 영혼과 육신이 분리되며, 살아 있는 동안에는 영혼과 육신이 일체인 것이다. 같은 이치로 호메로스적 인간에겐 감정과 행동 사이에 괴리가 없다. 예컨대 phobos란 말은 '공포'와 동시에 '패주'를 뜻하며, treo란 말은 '두려워하다'와 '달아나다'를 뜻한다. 이처럼 호메로스적 인간에겐 감정과 의지 속에 곧 행동이 포함되어 있다. 따라서 감정과 의지의 표현인 말은 행동과 그 결과로 주어지는 운명까지도 포함한다. 예컨대 『일리아드』에서 아킬레스는 "나는 신들이 원하면 언제든지 죽음을 받아들이겠다."(제17권 118행, 제22권 365행)라고 말한다. 그는 불멸의 명성을 얻는 대가로 목숨을 바쳐야 한다는 것을 알고 있으며, 기꺼이 죽음을 받아들일 마음의 준비가 되어 있는 것이다. 그리하여 호메로스적 인간은 자기 운명의 주인이 된다. 그리스의 신들 역시 인간세계의 피안에 있는 초월적 절대자가 아니라 인간의 부름에 응답하고 인간의 형상으로 인간의 운명을 인도해주는 동반자가 된다.

이상에서 살펴본 호메로스적 표현양식과 인간상을 쉴러는 「소박한 문학과 감상적 문학에 대하여」(Über naive und sentimentalische Dichtung, 1796)에서 '소박함'(das

---

4) 이하의 설명은 천병희 역: 『오디세이아』, 단국대학교 출판부 1996, 437면(역자해설) 참조.

Naive)이라 일컬었다. 반면에 근대 시인은 그런 소박함을 상실한 '감상적' 시인이다. 고대 그리스의 소박한 시인들과 근대 시인의 관계를 쉴러는 이렇게 말하고 있다.

> 고대 그리스의 시인들은 우리가 떠나온 본래의 우리 모습이며, 우리가 다시 지향해야 할 모습이다. 우리는 그들과 마찬가지로 한때는 자연이었고, 우리의 문화는 이성과 자유의 길을 통해 우리를 다시 자연으로 이끌어주어야만 한다.(NA 20, 414)

쉴러가 지향하는 근대의 문학적 이상은 '이성과 자유'의 길을 통해 잃어버린 자연적 소박함을 다시 회복하려는 것임을 알 수 있다. 또한 쉴러는 자기 자신과 괴테를 '감상적' 시인과 '소박한' 시인에 견주기도 하는데, 괴테 역시 고대 그리스를 보는 시각은 쉴러와 유사하다. 「고대와 현대」(1818)에서 괴테는 이렇게 말한다.

> 세계관의 명료성, 세계이해의 쾌활함, 표현의 경쾌함 등이 우리를 매혹한다. 그리고 이 모든 것이 고대 그리스 작품에서 가장 고상한 소재와 가장 품위 있는 내용으로, 확고하고 완성된 표현 방식으로 성취되어 있는 것을 발견한다고 우리가 주장한다면 사람들은 어째서 언제나 그리스에서 출발하고 항상 그곳을 가리키는지를 이해할 것이다. 누구나 자기 방식대로 그리스인이 되라! 그리스인이!(『문학론』, 223)

그런데 누구나 '자기 방식대로' 그리스인이 되라는 말은 고대 그리스 문학의 전범이 동일한 형태로 반복될 수는 없다는 뜻을 함축한다. 호메로스의 서사시는 인간과 자연, 영혼과 육체, 의식과 행위가 합일된 행복한 세계경험의 산물이지만, 근대 시인은 그 모든 것이 분열된 세계 속에서 "시대와 상황의 덕을 보지 못하고 오히려 수많은 장애물을 극복해야 하며 수많은 오류에 빠지지 않도록 애써야만"(『문학론』, 219) 하기 때문이다. 따라서 고대 그리스의 문학 양식과 인간상은 근대의 상이한 삶의 조건에서 다른 형태로 굴절되고 변형될 수밖에 없다. 예컨대 호메로스의 『오디세이』가 트로이 전쟁의 후일담에 해당되는 영웅서사시인 반면, 괴테의 서사시 『헤르만과 도로테아』(1797)는 프랑스 혁명의 여파를 다루면서 휴머니즘의 이상을 추구한 시민적 서사시인 것이다(이 책의 IV장 2절 참조).

(2) 조형예술과 고전 비극

고대 그리스 문학사에서 기원전 5세기 후반 페리클레스가 통치하던 시대의 문학예술을 '고전주의'라 일컫는데, 이 시대는 고대 그리스 문화의 황금기이자 역사적 격동기였다 (Schulz, 2003, 24이하 참조). 기원전 5세기 초에 페르시아 전쟁이 사실상 종료되었고 477년에 200여 개의 그리스 부족국가들이 연합하여 델로스 동맹이 결성되었으며, 449년에 페르시아와 공식 강화조약을 맺었다. 그러나 다시 델로스 동맹과 스파르타 사이의 세력다툼으로 펠로폰네소스 전쟁(431~404)이 이어졌고, 아테네는 30년 가까이 스파르타의 속국이 되었다. 이 격동의 시대에 후대에 길이 남을 문학과 예술의 고전적 걸작들이 탄생했다. 아이스킬로스, 소포클레스, 에우리피데스의 비극과 아리스토파네스의 희극이 바로 이 시기에 나왔다. 파이디아스, 미론, 폴리클레트 등의 걸출한 조각가들이 서구 조형예술의 원형이 되는 걸작들을 탄생시켰으며, 페르시아 전쟁으로 파괴되었던 파르테논 신전이 원형 그대로 복원되었다. 또한 서양철학의 원류를 형성한 소피스트들과 소크라테스, 플라톤, 아리스토텔레스가 이 시대에 활동했다. 정치적으로는 혼란스러운 권력투쟁의 온상이었던 과두정치가 종식되고 민주주의가 도입되어 폴리스 공동체가 질서와 안정을 되찾았다.

고대 그리스 예술의 핵심적 특징을 흔히 '조화'라 일컫는데, 그것은 조형예술에서 가장 선명하게 드러난다. 원래 '조화'(harmonia)라는 말은 대형 석조건축에서 예컨대 거대한 돌기둥을 쌓아 올릴 때 그 부분 부품들이 적절한 크기의 비율로 분할되어 정확하게 서로 들어맞아서 하나의 조화로운 전체를 이룬다는 것을 뜻한다. 그러한 조화 개념은 기원전 6세기 피타고라스의 수학과 철학을 바탕으로 완벽한 조형미의 황금비율에 관한 이론으로 체계화되었다. 조각가 폴리클레트는 조형예술의 규범을 정리한 『카논』

(Kanon)에서 '대칭'과 '조화'와 '중심'을 조형예술의 기본원리로 제시하였다. 건축물과 더불어 후대에 지대한 영향을 준 그리스 조형예술의 절정은 인체 조각상이다. 엄밀한 해부학적 지식을 바탕으로 부분과 전체의 조화, 정(靜)과 동(動)의 긴장과 균형을 구현한 인체 조각상들은 18세기 중반에 빙켈만(Winckelmann, 1717~1768)이 『회화와 조각에서 고대 그리스 작품의 모방에 관한 성찰』(1755)에서 고대 그리스 예술을 새롭게 발견하고 최고의 이상으로 평가하는 데 결정적인 자극을 주었다(이 책의 II장 1절 참조).

고전주의 시대의 비극 역시 후대에 지대한 영향을 주었다. '비극'(tragodia)은 원래 주신(酒神) 디오니소스 축제에서 사티로스로 분장한 코러스가 부르는 노래를 뜻했고, 그것이 나중에 한 편의 드라마로 완성되어 매년 봄마다 수천 명이 운집한 야외극장에서 디오니소스 축제의 일환으로 여러 날 동안 공연되었다. 따라서 연극 공연은 도시국가 공동체의 결속을 다지는 중요한 제의적 · 교육적 기능을 수행하였다. 아리스토텔레스가 『시학』에서 비극의 효과를 '연민과 공포의 감정에 의하여 감정의 카타르시스'를 추구하는 것이라 정의한 것도 비극의 윤리적 정화작용을 강조한 것이다.

쉴러는 비극의 윤리적 효과를 더욱 강조해서 비극 주인공의 고통에 대한 공감을 고조시키는 효과에 대해 영향미학의 관점에서 설명하는 한편, 파토스와 숭고 개념을 도입하여 비극이 인간 정신을 고양시키는 효과를 논하고 있다(이 책의 III장 3절 참조). 다른 한편 괴테는 아리스토텔레스의 비극론을 새롭게 해석하여 '화해적 완결'이 카타르시스 개념의 핵심이라고 본다(이 책의 III장 2절 참조). 고대 비극이 인간의 척도로는 감당할 수 없는 운명의 절대적 힘과 그 운명에 저항하는 영웅적 인간상을 상정했다면, 근대 시민사회로 나아가는 새로운 시대환경 속에서 그런 절대적 운명과 영웅적 인간상은 낯선 것이다. 괴테가 예컨대 에우리피데스의 비극 『이피게니에』를 근대의 인본주의적 관점에서 새롭게 해석하는 것은 그런 맥락에서 이해될 수 있다(이 책의 IV장 3절 참조). 드라마의 형식 역시 새로운 시대환경과 공연방식에 따라 크게 바뀌었다. 원래 고대 그리스 연극에서는 한 명의 주인공이 여러 인물의 대사를 읊는 방식으로 공연했다가 아이스킬로스가 처음으로 두 명의 인물을 등장시켰다. 다시 말해 코러스가 매우 중요한 역할을 했음을 알 수 있다. 그러나 괴테와 쉴러의 드라마를 통틀어 코러스가 등장하는 작품은 쉴러의 『메시나의 신부』(1803)가 유일하다.

3. 독일 고전주의의 시대적 배경과 주요 특징

(1) 프랑스 대혁명

독일 고전주의는 역사적 배경으로 보면 무엇보다 프랑스 대혁명과 그 여파에 대한 문학적 대응의 성격을 띤다. 괴테는 프랑스 대혁명에 대해 일관되게 비판적 입장을 취했는데, 그 이유는 첫째, 혁명의 폭력성에 대해 반대했고, 둘째, 프랑스 대혁명은 프랑스 역사에서는 필연적 결과였지만 독일에서는 혁명이 여건이 성숙하지 않았으며, 셋째, 자연에서와 마찬가지로 역사에서도 '비약'은 성립되지 않는다는 것이다. 만년에 괴테는 에커만과의 대화에서 프랑스 대혁명에 대한 자신의 입장을 소상히 피력한 바 있다.

> 내가 프랑스 혁명의 벗이 될 수 없었다는 것은 사실이지. 혁명의 무자비한 공포가 나를 오싹하게 만들었고 매일같이 격분시켰으니까. 반면에 당시에로서는 혁명의 유익한 결과에 대해서는 알아차릴 수 없었던 것이지. 또한 나는 프랑스에서는 움직일 수 없는 필연의 결과로 일어난 일과 비슷한 일을 독일에서도 사람들이 **인위적인 방식으로** 도모하려는 것을 보고 그냥 보고 넘어갈 수가 없었지.(『대화 2』, 53~54)

괴테는 프랑스 대혁명이 공포정치로 치닫는 폭력적 양상

에 '격분'했고, 알다시피 루이 왕조의 무능과 부패가 극에 달해서 혁명에 의해 전복될 수밖에 없었다는 것이다. 혁명 당시 루이 왕조의 권력은 사실상 허울뿐이었다는 것은 잘 알려진 사실이다. 예컨대 1789년 7월 14일 바스티유 감옥이 함락되던 바로 그날, 대신들과 어울려 별궁에서 사냥과 연회를 즐기던 루이 왕의 어전일지에 '아무 일도 없음'(rien)이라 기록되었다는 사실이 그것을 단적으로 드러낸다(Mahoney, 1989:132). 또한 독일과 달리 진작부터 중앙집권 국가를 수립한 프랑스에서 국가권력의 그러한 공동화는 권력의 전복을 한층 용이하게 하는 조건이었다. 하지만 당시 독일은 수십 개의 군소 영주국으로 분열되어 있었고 시민계급의 형성도 극히 취약했기 때문에 혁명의 가능성은 생각조차 할 수 없는 상황이었다. 그래서 괴테는 독일에서 '인위적인 방식으로' 혁명을 도모하는 것은 비현실적 관념에 불과하다고 보았던 것이다. 또한 괴테는 지배층의 전횡과 무능이 혁명의 원인을 제공하며, 정부가 '시의적절한 개혁조치'를 취하면 혁명은 일어날 수 없다고 보았다.

> 하지만 내가 결코 지배자들의 전횡을 편들었던 것은 아니야. 나는 어떠한 대혁명도 민중의 책임이 아니라 위정자의 잘못 때문이라는 것을 철저히 확신하고 있었지. 정부가 늘 정의롭고 깨어 있어서 시의적절한 개혁조치를 취해야만 하는 것이지. 그렇게 해서 아래로부터 필요한 것을 해달라고 강요하는 지경이 되도

> 록 내버려두지만 않는다면 결코 혁명은 일어날 수 없는 것이지.(『대화 2』, 54)

실제로 바이마르 궁정에서 중요한 요직을 맡아 국정에 관여했던 괴테는 혁명에는 단호히 반대했지만 봉건적 구체제에 안주하지 않고 가능한 범위 안에서 '시의적절한 개혁 조치'를 도입하는 데 진력했다. 이탈리아 여행 이후 자연연구에 깊은 관심을 기울였던 괴테는 역사의 운행을 자연의 원리에서 유추하여 사고한다.

> 나는 루이 15세 같은 군주의 벗이 아닌 것과 똑같이, 그런 사람들(혁명적 하층민-인용자)의 벗도 아닐세. 나는 그 어떤 폭력적인 전복도 증오한다네. 그러면 좋은 것을 얻는 만큼 반드시 파괴하게 마련이니까. 나는 혁명적 전복의 수행자들을 그 원인의 제공자들과 마찬가지로 증오해. (…) 알다시피 우리에게 미래를 내다보는 전망을 틔워줄 그런 개선이라면 나는 어떤 것이든 대환영일세. 그렇지만 이미 말한 대로 폭력적인 것, 단숨에 뛰어넘으려는 것은 무엇이든 내 영혼에 거슬린다네. **그런 것은 자연의 이치에 합당치 않기 때문이지.**(『대화 2』, 93)[원문 강조]

폭력을 동반하는 혁명은 진보적 성취를 얻는 만큼 동시에 좋은 것들을 파괴하기 때문에 폭력혁명에는 단호히 반대한다는 것이다. 역사에서 급격한 단절과 비약이 '자연의 이치에 합당하지 않다'는 발언에서 보듯이 괴테는 역사의 진보와 발전을 자연의 유기적 성장에서 유추하는 것이다. 『시와 진실』에서 괴테는 "자연은 신성 자체로도 전혀 변경할 수 없는 영원하고도 필연적이며 신성한 법칙에 따라 작용한다."(HA 10, 79)고 말한다. 자연 자체에 내재하는 창조적 생성의 원리에 주목하고 또 그러한 자연의 일부인 인간 자신의 역사적 창조력을 신의 섭리보다도 더 신뢰하는 것이다. 자연의 성장과정이 그러하듯, 역사에서 진보를 도모하는 일도 변화의 토대가 다져지고 주체의 역량이 성숙해서 서로 맞아떨어질 때 온전한 개선을 기약할 수 있을 것이다. 그렇게 보면 괴테가 자연에서 유추하는 역사이해는 현실역사의 변증법에 한결 충실하고 유연한 사유의 소산이라 할 수 있다.

(2) 휴머니즘의 이상과 교양 이념

프랑스 혁명에 대한 괴테의 정치적 입장을 굳이 나누자면 중도적인 점진적 개혁주의라 할 수 있을 것이다. 하지만 독일 고전주의 문학에서 그러한 정치적 개혁보다 더욱 근본적인 과제로 부각되는 것은 진정한 인간성을 함양하는 휴머니즘의 이상이다. 헤르더(Herder)는 "우리 인류의 신성한 과제는 인간성의 함양이다. (…) 인간성은 우리가 추구하는 모든 활동의 소중한 결실이며, 인류가 추구하는 예술에 상응한다."[5]라며 인간성의 함양을 인류의 신성한 과제이자 예술적 성취와 동일시한다. 특히 쉴러는 그의 문학적 신념을 담은 잡지 『호렌』(Horen, 1795~1797)의 창간사에서 '정치적 다툼'이 '뮤즈를 몰아내는' 시대상황에서 '순수하게 인간적인 것에 대한 관심'을 환기함으로써 '정치적으로 분열된 세계를 진리와 아름다움의 깃발 아래 다시 통합하려는' 문학적 입장을 천명한 바 있다.

> 가까이서 들려오는 전쟁의 소란이 조국을 불안하게 하는 시대, 정치적 견해들과 이해관계들 사이의 격렬한 다툼이 어떤 모임에서나 이 전쟁을 다시금 부추기고 흔히 뮤즈와 우아미의 여신들을 몰아내는 시대에 (…) 갈팡질팡하는 독자를 전혀 상반되는 방식의 담화에 초대하려는 것은 너무나 대범하고도 가치 있는 일이라 하겠다. 하지만 이 시대의 제한된 관심사가 사람들의 마음을 긴장시키고 편협하게 하고 속박할수록, 순수하게 인간적이고 이 시대의 영향보다 더 숭고한 것에 대한 보편적이고 고결한 관심을 다시 자유롭게 개진하고 또 정치적으로 분열된 세계를 진리와 아름다움의 깃발 아래 다시 통합할 필요성은 그만큼 더 절실하다.(NA 22, 106)

여기서 보듯이 쉴러는 정치적 논쟁이 문학예술의 활동영

---

5) Herder: Briefe zur Beförderung der Humanität, in: W. Voßkamp (2000), 302면에서 재인용.

역을 침해하는 시대상황에서 역으로 정치에 비판적 거리를 두면서 문학예술을 통해 '순수한 인간성'을 함양함으로써 '분열된 세계'를 통합하려는 문학이념을 표방하고 있다. '예술을 통한 인간성의 함양'이라는 미적 교육의 이념을 쉴러는 『인간의 미적 교육에 관한 서한』(1795)에서 더욱 구체화하는데, 요컨대 "정치에서 추구하는 모든 개선은 인간품성을 고결하게 하는 데서부터 출발해야 한다."(『서한』, 85)는 것이다. 고결한 품성을 함양하는 것이 정치적 개선보다 선결되어야 할 더욱 근본적인 과제라는 것이다. 『호렌』 창간사에서 말하듯 정치적 다툼을 유발하는 '제한된 관심사'는 사람들의 마음을 '편협하게 속박'하므로 "자유에 이르는 길은 바로 아름다움을 통해서만 가능하기 때문"(『서한』, 38~39)이다(미적 교육과 교양이념에 관해서는 이 책의 II장 3절 참조).

쉴러의 미적 교육론으로 대표되는 독일 고전주의의 교양이념은 정치현실에 대해 비판적 거리를 둠으로써 편협한 정치논리에 얽매이지 않는 인간성의 함양을 추구하는 것이라 할 수 있다. 이러한 교양 이념에 대해서는 현실의 갈등과 모순에 대한 관념적이고 이상주의적 대응이라는 비판도 있어왔지만, 다른 한편 예술을 현실논리에 종속시키지 않고 예술 고유의 역할과 기능을 부각함으로써 오히려 부정적 현실에 대한 비판적 잠재력을 견지할 수 있다는 긍정적 평가도 있다.

(3) 예술의 자율성

바로 앞에서 언급한 문제는 예술의 자율성과 직결된다. 쉴러의 미적 사유에 큰 영향을 끼친 칸트의 철학에서 자율성은 이성적 존재인 인간이 이성적 판단에 따라 주관적 욕구나 이해관계를 벗어나 자유의지로 보편타당한 선택을 할 수 있음을 뜻한다. 따라서 자율성은 이성적 존재인 인간의 자유와 존엄의 표현이다. 다른 한편 예술의 차원에서 칸트는 미적 쾌감을 "이해관계와 무관한 자유로운 쾌감"(『판단력 비판』, 201)이라 정의한다. 여기서 '자유로운' 쾌감이란 미적 판단이 대상의 현실적 쓰임새나 목적에 의해 규정되지 않는다는 것을 뜻한다. 예컨대 꽃이 아름답다고 할 때 그런 미적 판단은 꽃이 식물의 수정기관이라는 개념적 인식과는 무관하다. 이런 경우를 칸트는 대상의 목적과 무관하게 '독자적으로 존립하는 아름다움'이라는 의미에서 '자유로운 아름다움'이라 일컫는다. 그 반면 교회 · 병기창 · 정자 같은 건축물의 아름다움은 그 대상의 용도와 목적에 대한 개념적 인식을 전제한다. 따라서 이 경우 아름다움은 독자적으로 존립하는 것이 아니라 대상에 부가되는 부수적인 것이다. 이런 이유에서 칸트는 "어떤 대상을 일정한 개념의 조건 아래 아름답다고 언명하는 미적 판단은 순수하지 않다."(『판단력 비판』, 227)라고 말한다. 칸트가 미적 쾌감을 '개념과 무관한 쾌감'이라 일컫는 것은 그런 맥락에서이다. 이처럼 순수한 아름다움은 대상의 목적과 무관하게 자립적으로 존재하지만 그러면서도 '윤리적 선함의 상징'으로서 보편타당한 목적과 합치된다.

> 미적 판단력은 여타의 경험적 판단과 달리 경험법칙의 타율성에 종속되지 않는다. 미적 판단력은 순수한 쾌감을 주는 대상을 마주할 때 판단력 자체에 법칙을 부여하거니와, 이것은 이성이 욕구능력에 스스로 법칙을 부여하는 것과 마찬가지이다.(『판단력 비판』, 402)

미적 판단력이 경험법칙의 타율성에 종속되지 않는다는 것은 예컨대 우리가 경험현실에서는 대개 이해관계에 따라 판단하지만 미적 판단은 그런 경험적 판단에 종속되지 않는다는 것이다. 이미 언급한 대로 이성적 판단은 인간이 주관적 욕구와 충동을 극복하고 자유의지에 따라 올바른 판단을 할 수 있는 인간적 자유의 표현이다. 칸트는 이성의 자율적 판단력에서 미적 판단의 자율성을 유추하고 있는 셈이다. 그런 의미에서 칸트는 아름다움은 도덕적 판단이 불러일으키는 심적 상태에 유비되는 미적 감각을 불러일으킨다고 본다.

쉴러 역시 아름다움을 충동에 얽매이지 않는 자유로운 이성적 판단이 감각적 현상으로 드러난다는 뜻에서 '현상으로 드러나는 자유'(Freiheit in der Erscheinung) 또는 '현상으로 드러나는 자율'(Autonomie in der Erscheinung)이라 정의한다(쉴러, 1999:18). 그런 점에서 쉴러는 기본적으로 칸트의 견해를 공유하지만 구체적인 현실진단에서 몇 가지 강조점의 차이를 보인다.

첫째, 칸트가 미적 판단의 자율성을 인간의 이성적 본성에서 유추하는 것은 이성의 권능에 대한 전폭적인 신뢰에 바탕을 둔 것이다. 그에 비해 쉴러는 이성과 감성의 괴리에 주목한다. 『인간의 미적 교육에 관한 서한』에서 쉴러는 "대부분의 사람들은 현실의 궁핍과 싸우느라 너무 지치고 힘이 빠져서 더 이상 오류와 혹독한 전투를 치를 힘이 없습니다."(『서한』, 83)라며 이성적 능력을 발휘하는 것 자체가 지난한 과제임을 역설한다. 또한 대다수의 사람들은 "자신의 망상을 쫓아버리는 진리의 빛보다는 자신이 상상하는 대로 마음껏 편리한 형상을 만들어낼 수 있는 어두운 개념의 희미한 빛을 더 좋아"한다. 그래서 인간이 이성적 능력을 회복하고 자율적 주체가 되는 것은 품성의 함양에서부터 시작되어야 하며 "머리로 가는 길은 가슴을 통해 열려야" 한다고 강조한다. 감성 교육이 이성을 회복하기 위한 전제가 되는 것이다.

둘째, 칸트는 인간의 이성과 감정이 충돌할 때 감정을 극복하게 해주는 것이 도덕적 의무감이라고 설명한다. 그런데 쉴러는 인간의 자연적 본성에 비추어볼 때 그런 도덕적 의무감도 '강제'로 느껴질 수 있다고 본다. 비근한 예로 이성적 판단으로는 어떤 사람을 존경해야 마땅하나 심정적으로는 반감을 느낄 때 '이성의 강제'를 느낀다는 것이다. 그런 강제에 의해 행동할 때 인간은 자율적 존재가 아니며, 따라서 자유롭지 않다. 여기서 쉴러는 이성의 법칙에서 강제성을 제거하고 감각적 본성과 화해시켜주는 미적 원리로 '유희충동'(Spieltrieb) 개념을 도입한다. 유희충동은 미적 가상으로 구현되기 때문에 현실적 경험의 제약으로부터 자유롭고 또한 이성의 규제로부터도 자유롭다. 인간은 순수한 미적 경험을 통해서만 이성과 감성의 괴리를 극복하고 온전히 자유로운 인간성에 도달한다. 그런 의미에서 "인간은 완전한 의미에서 인간인 경우에만 유희하고, 인간은 유희하는 경우에만 완전한 인간"(『서한』, 138)이다.

셋째, 쉴러는 일관되게 정치적 당파성을 초월한 '순수한 인간성'의 함양을 자율적 예술의 이상으로 설정하지만, 그의 자유 내지 자율 개념은 강한 정치성을 함축하고 있다. 쉴러는 "인간 내면의 분리가 다시 지양되고 인간의 본성이 미적으로 되어서 이성의 정치적 창조물(즉 국가-인용자)에 대한 현실성을 보장받을 정도로 인간의 본성이 완전하게 발전하기 전까지는"(『서한』, 76) 이성적 국가가 수립될 수 없다고 본다. 다시 말해 미적 교육을 통한 온전한 인간성의 함양이 이성적 국가공동체 건설의 기틀이 된다는 뜻이다. 그리고 『인간의 미적 교육에 관한 서한』의 결론부에서 쉴러는 미적 교육을 통해 온전한 인간성이 구현된 공동체를 '미적 국가'라 일컫는다. 결국 쉴러에게 자율적 예술을 통한 미적 교육의 궁극적 목표는 온전한 인간성을 함양한 자율적 주체들의 공동체를 일구는 것이다.

(4) 괴테와 쉴러의 공동작업

독일 고전주의는 괴테와 쉴러의 긴밀한 유대와 공동 작업이 없이는 생각할 수 없다. 두 작가의 긴밀한 교류와 유대는 1794년부터 쉴러가 서거하는 1805년까지 지속된다.[6] 쉴러는 이미 1787년부터 바이마르에 체류하고 있었고, 1788년 괴테가 이탈리아에서 돌아온 이후로 두 사람은 수시로 만날 기회가 있었다. 하지만 1794년 전까지는 여러 가지 사정으로 두 시인이 다소 소원한 관계였다. 문학적 맥락에서 보면 예컨대 쉴러가 극작가로서 성공을 거둔 『도적떼들』(Die Räuber, 1781) 같은 작품을 괴테는 그 자신이 극복한 슈투름 운트 드랑의 격정적 요소가 너무 강하다고 보았다. 하지만 바이마르로 이주해온 무렵부터 쉴러의 드라마 역시 슈투름 운트 드랑의 요소는 극복한 상태였기 때문에 작품 경향의 차이가 큰 장애가 되었던 것은 아니다. 다른 한편 칸트 철학에 심취하기 시작한 쉴러는 괴테가 엄

6) 이하의 서술은 다음을 참고한 것임. D. Borchmeyer: Weimarer Klassik, Weinheim 1994, 247~259, 351~362, 373~384; G.-L. Darsow: Friedrich Schiller, Stuttgart 2000, 147~177.

밀한 철학적 사유보다는 너무 자연과 감성에 치우치는 경향이 있다고 보았다. 예컨대 '근원현상'에 대한 괴테와 쉴러의 상반된 생각은 두 사람의 사고방식의 차이를 잘 보여준다(이 책의 58-59면 참조). 또한 괴테가 유복한 환경에서 성장한 행운아였던 반면에 쉴러는 가난과 싸워야 하는 불우한 성장기를 겪었다는 사실도 두 작가가 선뜻 친해질 수 없었던 요인의 하나였을 것이다.

그러한 차이에도 불구하고 1794년 쉴러가 『호렌』을 창간하던 무렵부터 괴테와 쉴러는 긴밀한 유대를 맺기 시작한다. 이미 언급한 대로 쉴러가 『호렌』 창간사에서 '정치적 당파성'을 단호히 배격하고 '순수한 인간성'의 함양을 추구하는 문학노선을 표방한 것은 완전히 괴테와 일치된 생각이었다. 더구나 고대 그리스 문학과 예술을 최고의 전범으로 삼았다는 점에서도 두 시인은 완전히 일치했다. 괴테와 쉴러는 이러한 공통의 기반을 바탕으로 다양한 형태의 공동 작업을 펼쳤는데, 그 가운데 대표적인 사례만 간략히 소개하면 다음과 같다.

① 1796년 말에 괴테와 쉴러는 『호렌』이 지향하는 문학노선과 충돌하거나 어긋나는 다양한 동시대 문학경향을 신랄하게 비판하는 2행 풍자시 '크세니엔'(Xenien)을 500여 편이나 함께 집필하여 『1797년 문학사화집』에 수록해서 대대적인 문학논쟁을 불러일으켰다. 원래 『호렌』의 공동 편집위원이기도 했던 철학자 피히테(Fichte)가 쉴러의 『인

간의 미적 교육에 관한 서한』을 신랄하게 비판한 것이[7] 계기가 되어서 괴테의 제안으로 논쟁을 공론화한 것이다. 그 다음 해인 1797년에는 논쟁적인 글을 중단하고 괴테와 쉴러는 함께 발라드(Ballade)를 집중적으로 집필하여 『1798년 문학사화집』에 수록하였다. 그런 연유로 쉴러는 1797년을 '발라드의 해'라 일컫기도 했다.

② 괴테와 쉴러는 서로의 창작과정에 깊이 관여하면서 활발한 비평적 조언을 해주었다. 대표적인 사례가 괴테의 소설 『빌헬름 마이스터의 수업시대』(1796)에 대한 쉴러의 비평이다. 『빌헬름 마이스터의 수업시대』에 대하여 쉴러는 처음에는 추상적 사변을 배제한 소박한 사실적 묘사가 장점이라고 평했다. 하지만 나중에는 생각이 바뀌어서 주인공의 ― 쉴러가 고대 그리스의 '소박한' 문학과 대비시켜 근대문학의 특성으로 규정한 '감상적' 문학이라는 의미에서 ― '감상적' 성격에 어울리는 철학적 성찰이 부족하다는 것을 단점으로 지적했다. 이 소설은 원래 괴테가 바이마르에 온 직후(1775년)부터 집필하기 시작하여 '빌헬름 마이스터의 연극적 사명'이라는 미완성 작품으로 남았으나, 괴테가 쉴

---

7) 정치현실에 비판적 거리를 두고 미적 교육을 통해 진정한 자유를 추구해야 한다는 쉴러의 논지를 뒤집어서 피히테는 먼저 정치적 자유가 담보되어야 문학예술이 꽃필 수 있다는 논지를 폈다. 또한 '편지' 형식의 에세이로 서술한 쉴러의 서술방식에 대해 '당신의 글은 번역해야 이해할 수 있다'라며 논리적 엄밀성의 결여를 꼬집었다. Darsow (2000), 161 참조.

러와 긴밀한 유대를 맺기 시작한 1795년부터 다시 집필에 착수했고, 순차적으로 써내려간 작품의 각 부분에 대해 쉴러가 구체적 논평을 해주었다. 따라서 소설이 완성된 데는 쉴러의 기여가 컸다고 할 수 있다.

③ 서로의 창작에 대한 비평적 조언 자체가 이미 이론적 토론의 성격을 띠지만, 그와는 별도로 괴테와 쉴러는 주로 서사문학과 극문학에 대해 집중적인 토론을 하였다. 두 사람이 편지로 주고받은 견해를 나중에 괴테가 정리한 것이 「서사문학과 극문학에 관하여」(1797)라는 글이다(이 책의 Ⅳ장 1절 참조). 이 글에서 논의한 서사문학과 극문학의 장르적 특성을 고대 그리스 문학과 괴테의 서사시 및 드라마에 적용하여 비교해보면 고대 그리스 문학의 장르적 특성이 어떻게 괴테 당대의 상이한 현실에서 새롭게 변형되었는지 구체적으로 살펴볼 수 있다(이 책의 Ⅳ장 2절, 3절 참조).

④ 1791년부터 1817년까지 괴테는 바이마르 궁정극장의 극장장을 맡았고, 쉴러는 괴테의 작품을 포함하여 궁정극장에서 상연되는 작품의 무대연출에 깊이 관여했다. 1803년에 쉴러는 그리스 고전극의 양식을 엄격하게 적용한 희곡 『메시나의 신부』를 탈고하면서 당시 독일 연극계에 유행하던 '자연주의' 경향, 즉 무대 위의 현실과 실제 현실을 뒤섞어서 관객의 호기심을 자극하려는 경향을 단호히 배격해야 한다는 입장을 천명했다. 괴테는 쉴러와 같은 입장의

견해를 「배우 수칙」(1803)이라는 글로 정리했는데, 배우의 발음과 몸짓, 율동과 무대 위에서의 위치 등을 엄격한 고전적 원칙에 따라 상세히 규정하고 있다(『문학론』, 60~72).

이상에서 간략히 살펴본 대로 괴테와 쉴러의 긴밀한 공동 작업은 독일 고전주의 문학의 견인차 역할을 했다. 하지만 괴테와 쉴러의 고전주의 문학관이 형성되는 과정에는 바로 앞 세대의 극작가 레싱(Lessing, 1729~1781)이나 사상가 헤르더(Herder, 1744~1803)의 이론적 기여가 지대한 역할을 했다. 이미 언급한 대로 빙켈만이 고대 그리스 예술을 최고의 이상으로 재발견한 것도 고전주의의 형성에 결정적으로 기여했다. 또한 괴테와 쉴러가 지향하는 고전주의만이 그 시대를 대표한다고 보는 것은 독단이다. 1790년대 중후반부터 횔덜린(Hölderlin, 1770~1843), 노발리스(Novalis, 1772~1801), 장 파울(Jean Paul, 1763~1825) 등 다음 세대의 신예 작가들이 괴테나 쉴러와는 사뭇 다른 새로운 방향으로 창작활동을 시작했다는 사실도 유념해야 한다. 이들 신예 작가들의 지향성은 괴테와 쉴러의 고전주의에서 벗어나지만, 바로 그렇기 때문에 이들의 새로운 창작은 괴테나 쉴러의 문학관으로 재단할 수 없는 고유한 독자적 가치를 확보하게 되는 것이다.

II.

독일 고전주의의 이론적 배경

1. 빙켈만의 고대 그리스 예술론

근대 예술사학의 창시자라 일컬어지는 빙켈만(J. J. Winckelmann, 1717~1768)은 고대 그리스 예술을 근대 예술이 추구해야 할 규범적 이상으로 제시함으로써 독일 고전주의 예술관에 결정적인 영향을 주었다. 빙켈만의 예술관이 집약되어 있는 『회화와 조각에서 고대 그리스 작품의 모방에 관한 성찰』(1755)을 중심으로 고대 그리스 예술에 대한 그의 새로운 해석이 독일 고전주의 예술관과 어떤 관련이 있는지 살펴보기로 하겠다.

빙켈만은 근대 미술에서 개별적인 자연 대상의 사실적 모방을 추구하는 경향과 대비시켜서 고대 그리스 예술이 개별적 대상들을 종합하여 통일성과 이상적 아름다움을 구현했다는 점을 강조한다.

> 그리스 조각상의 아름다움은 자연의 아름다움처럼 흩어져 있는 것이 아니라 하나로 통일되어 있기 때문에 감동적이라는 결론이 나오는 것에 아닐까? 그래서 자연에 대한 연구는 고대 작품에 대한 연구와 비교할 때 완전한 아름다움을 인식하기 위한 길로는 더 오래 걸리고 더 힘든 길임에 틀림없다. 베르니니는 젊은 예술가들에게 주로 자연 속에서 가장 아름다운 것을 찾으라고 가르쳤는데, 이것은 완전한 아름다움에 도달하기 위한 지름길이라 할 수는 없다.
>
> 자연미의 모방은 단일한 대상으로 방향을 잡거나 상이한 개별 대상을 관찰하여 그것들을 모아서 하나의 전체로 만드는 것이다. 전자는 유사한 복사를 가리키며 일종의 초상화를 만드는 것인데, 이것은 네덜란드 파의 형식과 인물상에 이르는 길이다. 이와 달리 후자는 보편적인 아름다움과 이상적인 상(像)에 이르는 길인데, 이것은 고대 그리스인이 걸어간 길과 동일한 것이다.[1)]

개별적으로 흩어져 있는 자연 대상의 단순 모방을 통해서는 결코 '완전한 아름다움'에 도달할 수 없으며, 개별 대상들을 '하나의 전체'로 종합할 대만 '보편적 아름다움과 이상적인 상'에 도달할 수 있다는 것이다. 빙켈만은 또 다른 기념비적 저서인 『고대 예술사』(1763)에서 고대 그리스의

---

1) 빙켈만: 『그리스 미술 모방론』, 민주식 옮김, 이론과 실천 1995, 52면.(이하 『모방론』으로 줄임)

예술가들이 "고귀한 품종의 줄기에 여러 개의 어린 가지들을 접붙이는 노련한 정원사처럼, 또한 여러 꽃들로부터 꿀을 모아들이는 벌꿀처럼" 작업했다는 비유를 들고 있다. '여러 개의 어린 가지들'을 '고귀한 품종의 줄기'에 접붙여서 새로 뻗어나는 가지들은 원재료의 단순한 혼합물이 아니라 새로운 품종의 탄생을 뜻한다. 그리고 새로운 품종의 탄생은 저절로 이루어지는 것이 아니라 자연의 생리와 운행법칙을 파악하고 있는 '노련한 정원사'의 장인적 기술을 통해서만 가능하다. 이로써 빙켈만은 예술적 창조를 흔히 완벽한 예술작품에 비견되는 자연의 창조물에 견주는 동시에 나아가서 예술적 아름다움이 자연미를 능가한다는 점을 역설하고 있는 셈이다.

빙켈만은 고대 그리스 예술의 이상적 아름다움을 '고귀한 단순함과 고요한 위대함'(edele Einfalt und stille Größe)이라 규정한다.

> 그리스 걸작들의 보편적이고 탁월한 특징은 결국 자세와 표현에서의 **고귀한 단순함과 고요한 위대함**이다. 바다 표면이 사납게 날뛰어도 그 심해는 항상 평온한 것처럼 고대 그리스의 조각상들은 휘몰아치는 격정 속에서도 침착함을 잃지 않는 위대한 영혼을 나타낸다. 이러한 영혼은 격렬한 고통 속에 있는 〈라오콘 군상〉의 얼굴에 잘 묘사되어 있다. ① 고통은 얼굴뿐 아니라 육체의 모든 근육과 힘줄에도 나타나 있어서 우리는 얼굴이나

> 육체의 다른 부분을 보지 않고 고통으로 움츠러든 하복부만 보아도 그 고통을 느낄 수 있다. ② 하지만 얼굴이나 전반적인 자세에는 격정적인 고통이 드러나 있지 않다. 베르길리우스의 작품에서 라오콘이 외치는 그런 끔찍한 비명은 지르지 않는다. 그 열린 입은 비명을 허용하지 않기 때문이다. 사돌레토가 묘사한 것처럼 그것은 오히려 괴로워서 호흡이 곤란한 신음이다. ③ 육체의 고통과 영혼의 위대함은 조상(彫像)의 전체 구조를 통하여 동일한 강도로 분배되어 균형을 이루고 있다. ④ 라오콘은 괴로워한다. 마치 소포클레스의 작품 속에 나오는 필록테테스처럼 괴로워한다. 그의 고통은 우리의 영혼에까지 스며들어온다. 그러나 우리는 이 위대한 사람처럼 그 고통을 견딜 수 있게 되기를 바란다.(『모방론』, 74)[강조와 번호는 인용자에 의함]

여기서 빙켈만은 스스로 '고대 그리스 최고의 조각 작품'이라 일컬은 〈라오콘 군상〉을 통해 '고귀한 단순함과 고요한 위대함'의 의미를 설명하고 있다. 알다시피 전설의 인물 라오콘은 트로이의 사제였는데, 그리스 군대의 목마의 비밀을 트로이 사람들에게 경고한 죄로 신의 노여움을 사서 두 아들과 함께 큰 뱀에 감겨 죽었다는 전설이 전해진다. 그리고 이 전설을 제재로 만들어진 〈라오콘 군상〉은 그와 두 아들이 뱀에 감겨 죽기 직전 단말마의 고통을 형상화한 것이다. 인간이 감당하기 힘든 극한의 고통을 형상화한 것이다. 빙켈만의 설명에서 ①과 ③은 흔히 고전적 아름다움의 기본요소로 간주되는 전체적인 균형과 조화를 가리킨다. ②의 설명은 라오콘이 그러한 극한의 고통 속에서도 그 고통을 참고 견디는 '영혼의 위대함'이 조상의 '얼굴과 전체적인 자세'에서 더 이상 설명이 필요 없을 만큼 '고귀한 단순함'으로 명료하게 표현되어 있음을 말하고 있다. 그런데 여기서 '고귀한 단순함'은 단지 감각적 표현방식만 가리키는 것이 아니라 고통을 견디는 '정신의 순수함'도 포함하며, 그런 의미에서 '고귀한'이라는 수식어는 곧 정신적 고결함을 동시에 지칭한다. 정신적인 것과 감각적인 것이 별개로 유리되어 있지 않고 '하나의 전체'로 통일되어 있는 것이다. ④의 설명은 예술작품이 감상자에게 주는 카타르시스 효과를 말하는 것이라 할 수 있다. 감상자는 라오콘의 고통에 공감하면서 라오콘이 그 고통을 견디는 영혼의 위대함을 보여주듯이, 감상자 자신도 그처럼 위대한 영혼으로 성숙해야 한다는 것이다. 그런 점에서 이것은 미적 체험을 통해 인간성을 함양해야 한다는 독일 고전주의의 '교양' 이념과 통하는 것이라 할 수 있다.

빙켈만이 '고귀한 단순함과 고요한 위대함'을 ②에서 베르길리우스의 작품에서 라오콘이 외치는 '끔찍한 비명'과 대비시키는 것은 복합적인 맥락에서 이해될 필요가 있다. 베르길리우스의 서사시 『아이네이스』에서는 라오콘이 "별에까지 들리도록 무섭게 울부짖었다."라고 라오콘의 처절한 고통을 여과 없이 묘사하고 있다. 그 반면 빙켈만은 고통과 격정을 정신적으로 승화시키지 않고 거칠게 드러내는 그런 표현방식이 〈라오콘 군상〉이 보여주는 '고귀한 단순함과 고요한 위대함'에 비해 조야하다고 보는 것이다. 또한 예술사의 맥락에서 보면 여기에는 고대 그리스 예술이 고대 로마 예술보다 더 우월한 고전적 전범이라는 가치판단이 작용한다. 이것은 빙켈만 이전 시대의 프랑스 고전주의가 고대 로마 예술을 이상으로 삼았던 것과 대비되며, 빙켈만이 프랑스 고전주의에 맞서 독자적인 대안적 노선을 취하고 있음을 말해준다. 그리고 빙켈만의 고대 그리스 예술 재발견이 과장되고 기괴한 표현을 추구했던 17세기 바로크 예술을 극복하는 방향으로 나아가고 있다는 것도 알 수 있다.

빙켈만은 "우리 시대의 예술이 위대해지려면, 그리고 가능하면 모방이 불가능할 정도로 위대해지려면, 고대 그리스 예술을 모방하는 것만이 유일한 길이다."라고 천명한다. 빙켈만의 이러한 주장은 과도한 '그리스 중심주의'라고 비판받기도 하고, 또한 고대 그리스 예술 '모방'의 의미를 놓고 논란이 벌어지기도 한다. 이와 관련하여 빙켈만은 고대 그리스 예술의 역사적 성격을 강조한다. 다시 말해 고대 그리스 예술 중에서도 아테네 문명이 찬란히 꽃피었던 페리클레스 시대(기원전 5세기)의 예술을 절정으로 간주하며, 민주주의와 전인교육의 발달을 중요한 역사적 토대로 꼽는다. 그리고 그런 비옥한 토양에서 피어난 고대 그리스 예술을 예술사의 가장 아름다운 '청년기'에 비유함으로써 그것이 동일한 형태로는 반복될 수 없다는 것도 강조한다. 그렇게 보면 고대 그리스 예술을 '모방'해야 한다는 것은 과거의 이상적 전범을 문자 그대로 답습한다는 의미가 아니라—그렇게 해서는 기껏해야 '아류' 예술밖에 나올 수 없을 것이다—그 정신을 되새겨서 본받아야 한다는 의미로 이해하는 것이 타당할 것이다. 고대 그리스 예술이 후대에는 똑같이 반복될 수 없는 고유한 역사적 토양에서 발전했다면, 당시와는 전혀 다른 사회역사적 토대 위에서 새롭게 창조되어야 할 근대예술의 과제는 과연 무엇인가 하는 숙제를 던진 것이라 할 수 있다.

지금까지 간략히 살펴본 빙켈만의 고대 그리스 예술론은 독일 고전주의 예술관의 형성에 지대한 영향을 끼쳤는데, 특히 괴테의 경우가 그러하다. 괴테의 「라오콘에 대하여」(1798)는 빙켈만의 라오콘 해석에 직접적인 영향을 받은 것이다. 이 글에서 괴테는 라오콘 군상에서 포착된 순간이 극한의 고통과 그것을 견디는 정신의 위대함이 가장 극적으로 교차하는 절정의 순간에 해당된다고 밝힌다. 따라서 만약 조각가가 그 절정의 순간 이전이나 이후의 어떤 시점을 택해서 조형을 했다면 최고의 예술성이 손상되었을 것이라고 라오콘 군상에 대한 정교한 내러티브 분석을 통해 상세히 설명하고 있다. 다른 한편 베르길리우스의 『아이네이스』에서 라오콘 이야기는 그리스 군대의 목마를 도시 안으로 끌어들인 용서 받지 못할 잘못을 범한 트로이 사람들을 과연 어떻게 용서할 것인가 하는 핵심적인 주제에 부차적인 수단으로 삽입된 에피소드에 불과하므로 라오콘 조각상과 서사시의 디테일을 비교하는 것 자체가 적절치 않다는 점을 지적한다. 이로써 괴테는 빙켈만의 해석을 심화시키면서도 일정하게 비판적 수정을 가하는 새로운 해석을 시도한 셈이다.

괴테가 빙켈만의 생애와 학문적 업적에 관해 길게 서술한 「빙켈만과 그의 세기」(1805)라는 글은 그 제목만 보아도 18세기를 곧 '빙켈만의 세기'로 평가함을 알 수 있다. 이 글에서 괴테는 고대 그리스 예술에 대하여 "인간과 인간적인 것이 가장 가치 있는 것으로 존중되었으며, 세계에 대한 인간의 모든 내적 · 외적 관계는 위대한 감각으로 포착되고 표현되었다."(『예술론』, 128)라고 하면서, 휴머니즘의 이상 그리고 세계와 인간의 총체적 통일성을 고대 그리스 예술의 핵심으로 보았다. 그리고 그런 예술을 탄생시킨 "고대 그리스인의 천성을 타고난 지금 시대의 인물을 한 명만 꼽는다면 그가 바로 빙켈만이었다."(『예술론』, 129)라며 빙켈만을 고대 그리스 정신의 가장 충실한 계승자로 평가한다. 괴테의 문학적 여정에서 이탈리아 기행(1786~1788)은 고전주의로 이행하는 결정적 전환점이 되는데, 그가 이탈리아 기행에서 고대 예술을 관찰하고 탐구한 방식 자체도 일찍이 빙켈만이 오랜 기간 동안(1755~1767) 로마에 체류하면서 고대 예술을 연구했던 선구적 작업의 모범을 따른 것이었다. 로마에 체류하는 동안 빙켈만은 고대 예술에 관한 최고의 전문가로 인정받아 1763년에는 교황이 그를 '고대 예술 관리 총감독'에 임명하는 영예를 누리기도 했다.

빙켈만은 그의 삶 자체로 당대인들에게 깊은 인상을 남겼다. 빙켈만은 가난한 제화공의 아들로 태어나 서른 살까지 일정한 직업도 갖지 못했고, 주로 귀족들이 소장한 예술품을 정리해주는 일을 하면서 예술에 대한 식견을 쌓아서 마침내 당대 최고의 예술사가로 대성했던 것이다. 나날의 삶과 학문적 탐구가 유기적으로 결합하여 부단한 지적 수련을 쌓고 자기완성에 도달한 그러한 '교양' 과정 자체가 괴테에겐 살아 있는 모범이었다. 1827년 2월 16일 에커만과의 대화에서 괴테는 빙켈만에 관해 이렇게 회고하고 있다. "빙켈만은 아직 신대륙을 발견하지는 않았지만 신대륙 발견을 예감하던 당시의 콜럼부스에 견줄 만하다. 우리는 그의 글을 읽으면 그 어떤 내용을 **배우는** 것이 아니라 우리 자신이 그 무엇으로 **변화하는** 경험을 한다."(『대화 1』, 341)[원문 강조]

2. 헤르더의 역사주의

빙켈만 다음 세대를 대표하는 이론적 기수 헤르더(J. G. Herder, 1744~1803)는 괴테가 슈트라스부르크 대학에서

학업을 마치던 1770/71년 무렵 같은 도시에 체류하면서 청년 괴테에게 결정적인 영향을 주었다. 헤르더의 「독일적 특성과 예술에 관하여」(1771)는 슈투름 운트 드랑(Sturm und Drang) 문학운동의 강령을 담고 있다. 그의 주저인 『인류의 교육을 위한 새로운 역사철학』(1774)은 고대부터 당대에 이르기까지 역사적으로 명멸한 문화들을 매 시대의 고유한 역사성에 근거하여 파악하는 새로운 역사주의적 시각을 보여준다. 1776년 괴테의 초청으로 바이마르로 옮겨간 이후 집필한 방대한 저서 『인류의 역사철학을 위한 이념』(1784~1791)에서 헤르더는 자신이 탐구해온 문학 · 언어 · 역사 · 철학 · 종교 등을 통합하여 인류의 보편사를 서술하고 있다.

빙켈만의 저작에 정통했던 헤르더는 빙켈만의 고대 예술론이 생생한 감각성과 정신성을 결합시켜 이상적인 아름다움을 설파한 것은 높이 평가하면서도 고대 그리스 예술을 절대화한 것에 대해서는 날카롭게 비판한다. 빙켈만과 달리 헤르더는 고대 그리스 예술을 철저히 역사적으로 파악하는데, 예컨대 다음의 서술에서 그 점은 분명히 확인된다.

> 모든 문학과 예술의 청년기인 그리스여! 이들의 세계는 우리 시대의 관점에서 볼 때 아마도 너무 심오하고 너무 유치할 것이다. 세계사의 여명기에 피어난 이들의 문화는 이후의 모든 시대에 얼마나 커다란 영향을 미쳤는가! 인간의 정신이 피워낸 가장

> 아름다운 꽃이여! 영웅적 용기, 조국애, 자유의 감정, 예술에 대한 사랑, 노래와 시와 서사문학, 천둥 같은 웅변술, 오늘날 존재하는 모든 시민적 지혜의 기원—이것이 그리스인들이 피워낸 꽃이었다. 이에 적합한 하늘과 땅, 체질, 행복한 시점이 이들에게 주어졌다. 형성하고, 창조하고, 명명하는 일이 이들에게 주어진 과업이었다. 우리는 그들의 시대가 성취한 것을 모방하여 교육하고 명명한다. 하지만 이 성취는 일회적이었다! 인간의 정신이 전력을 다해 이 시대를 다시 한 번 되살리려 한다 해도 이는 헛된 기도일 뿐이다. 그들의 정신은 먼지가 되었다. 그 새싹은 재가 되었다. 그리스는 다시 돌아오지 않는다.[2)]

고대 그리스의 문학과 예술이 후대에 지대한 영향을 주었고 그리스인들이 추구했던 가치가 '오늘날 존재하는 모든 시민적 지혜의 기원'이라는 점은 인정하지만, 그것은 다시 같은 형태로는 반복될 수 없는 일회적인 역사적 현상이라는 것이다. 헤르더는 인류 문명사를 인간의 성장과정에 견주어서 유년기(메소포타미아 문명), 소년기(이집트 문명), 청소년기(페니키아 문명), 청년기(그리스 문명), 장년기(로마 문명)에 비유한다. 그런데 헤르더는 이러한 문명사의 특정한 시대를 이상화하지 않고 매 시대가 고유한 독자성을 갖고 있다고 본다. "모든 시대는 자신의 행복의 중

---

2) 헤르더: 『인류의 교육을 위한 새로운 역사철학』, 안성찬 역, 한길사 2011, 148면.(이하 『역사철학』으로 줄임)

심을 자체 내에 지니고 있다! 청년기는 순진하고 자기만족적인 유년기보다 더 행복하지 않으며, 조용한 노년기는 열정적으로 활동하는 장년기보다 더 불행하지 않다."(『역사철학』, 75) 이와 마찬가지로 특정한 민족이 타 민족에 비해 우월하다고 믿는 것도 "선입견, 야비함, 편협한 민족주의"라고 비판하며, "모든 구슬이 각기 중심점을 지니고 있듯이 모든 민족은 자체 내에 행복의 중심을 지니고 있다!"(『역사철학』, 74)고 본다. 헤르더의 역사적 상대주의와 민족주의 비판은 18세기의 맥락에서 보면 특정 시대의 특정한 민족문학을 이상화하려는 경향에 대한 전면적인 비판이라 할 수 있다. 고대 그리스를 이상화하는 의고주의나 라신 · 몰리에르 · 꼬르네유 등의 프랑스 고전극을 답습하려는 경향이 모두 비판의 대상이 되는 것이다.

나아가서 헤르더는 하나의 문화권이나 공동체 내에서도 특정한 가치를 배타적으로 우월하다고 보지 않고 다양한 가치들의 상호공존을 강조한다.

> 인간의 본성은 철학자들의 정의처럼 **절대적이고 독립적이고 불변적인 행복**을 담는 그릇이 결코 아니다. 인간의 본성은 도처에서 가능한 수많은 종류의 행복을 이끌어낸다. (…) 행복의 이미지 자체도 상황과 지역에 따라 달라진다. (…) 따라서 근본적으로 일체의 비교가 불가능하다. 행복의 내적 의미인 선호가 달라지거나, 외적 계기와 필요가 다른 의미를 만들어 공고하게 만들

기 때문이다. **다양한** 세계의 **다양한** 의미를 충족시키는 **다양한** 방식들을 누가 비교할 수 있겠는가? 오리엔트의 유목인과 가부장, 농경인과 장인, 선원, 육상경기자, 세계정복자를 누가 비교할 수 있다는 말인가? 행복의 의미는 월계관, 축복받은 가축, 무역선, 빼앗은 군기(軍旗)에 있는 것이 아니라, 이들을 필요로 하고 추구하고 이 목표에 도달하고 이 목표 외에는 다른 것을 원하지 않는 영혼에 있다.(『역사철학』, 74)[원문 강조]

하나의 공동체 안에서 '유목인'과 '농경인'은 '세계정복자'와 똑같은 존재이유를 가지며, 저마다 자기 고유의 행복을 추구할 권리가 있다고 보는 것이다. 요컨대 가치의 다원주의를 추구하는 헤르더의 이러한 평등주의적 사고는 그의 문학론에서 민중생활의 자연스럽고 소박한 표현인 민중시(Volkspoesie), 즉 민요의 가치를 높이 평가하는 것에 상응한다. 헤르더는 주로 식자층을 위한 고급문학에 해당되는 이른바 예술시(Kunstpoesie)는 고전적 전범과 규칙을 중시하기 때문에 일반 민중이 접근하기엔 어렵고 낯설다고 보았다. 그 반면 자연시(Naturpoesie)는 농부와 수공업자와 일반 시민들을 통칭하는 민중에게 친숙한 문학으로 발굴되고 장려되어야 한다고 보았다. 헤르더는 구전으로 전해지는 민요뿐 아니라 호메로스와 오시안(Ossian)의 서사시 또한 그런 의미에서 자연시의 범주에 포함시켰다. 헤르더의 자연시론은 단순히 이전의 문학사에서 '하위 장르'로 폄하되어온 민요를 복권하자는 취지에 그치지 않고, 한 시대의 문학이 과연 얼마나 그 시대의 구체적 삶과 유기적으로 결합되어 있는가를 중시하는 일관된 역사주의적 관점을 견지하고 있는 것이다. 헤르더의 자연시론은 후기 괴테의 민요에 대한 관심을 촉발했고, 특히 낭만주의 작가들의 민요 집대성으로 풍성한 결실을 맺기에 이른다.

제 민족의 역사와 문화를 저마다의 고유한 역사적 조건과 풍토에서 발양된 산물로 파악하는 헤르더의 역사주의는 각 민족문학의 고유한 가치를 인정한다는 점에서 후기 괴테의 세계문학(Weltliteratur)론을 뒷받침한다고 할 수 있다. 헤르더 이전의 문학사관이 고대 그리스 문학과 근대문학 사이의 우위를 따지는 '신구논쟁'의 패러다임에 갇혀 있었다면, 헤르더는 다양한 민족문학들이 제각기 고유한 역사적 토양에서 형성된 대등한 가치를 갖는다고 평가함으로써 패러다임의 전환을 가져왔다. 헤르더는 그러한 다원적 세계문학의 지형도를 '다양한 민족들 사이에서 제각기 다른 형태로 나타나는 변신의 귀재 프로테우스'에 견주기도 한다.

역사주의에 바탕을 둔 헤르더의 사상에서 핵심적인 것은 인간성(Humanität)과 교양(Bildung)의 이념으로, 이는 곧 독일 고전주의가 추구한 교양이념의 근간을 이룬다. 『인류의 역사철학을 위한 이념』에서 헤르더는 이렇게 말한다.

> 지금까지 나는 인간이 이성과 자유, 세련된 감성과 충동, 이를 데 없이 섬세하고도 강인한 건강함을 추구하고 대지를 충만하게 다스리는 방향으로 고결한 교양(Bildung)을 함양해야 한다고 말했다. 나는 인간성(Humanität)이라는 말이 이 모든 것을 포괄할 수 있기를 바란다. 왜냐하면 인간 자체보다 인간의 소명을 더 고결하게 표현하는 말은 없으며, 대지를 창조한 조물주의 형상이 바로 인간의 소명에 각인되어 있기 때문이다.[3)]

여기서 보듯이 헤르더가 구상하는 '교양'의 목표는 '이성과 자유'를 추구하고 '감성과 충동'의 발현을 통해 '섬세하고도 강인한 건강한' 삶을 실현하는 것이며, 그 모든 것을 집약하는 '인간성'을 '신의 형상'대로 완성해가는 것이다. 그것은 개개인이 온전한 자기완성을 추구하는 것인 동시에 삶의 터전인 '대지'를 충만하게 다스려서 건강한 공동체를 일구는 것이기도 하다. 그런 점에서 헤르더의 교양이념은 나중에 살펴볼 독일 고전주의 교양이념의 토대가 된다.

이상에서 간략히 살펴본 헤르더의 역사관과 인본주의 정신은 괴테와 쉴러의 고전주의 문학관에 큰 영향을 주었다. 그렇지만 프랑스 대혁명 이후 혁명의 지지자였던 헤르더는 폭력적인 혁명에 반대했던 괴테 · 쉴러와 소원해진다. 헤르더는 일찍이 민족문학의 황금기를 경험한 영국이나 프랑스

---

3) D. Borchmeyer(1994), 44에서 재인용.

와 달리 독일에서는 정치적 낙후성과 분열로 인해 '고전적 민족문학'의 발전이 지체된다고 보았으며, 프랑스 대혁명에서 그러한 낙후성을 쇄신할 역사적 진보의 획기적 가능성을 찾았다. 그렇지만 괴테와 실러는 특히 고전주의의 기관지 역할을 한 『호렌』(1794년 창간)에서 일체의 현실정치를 멀리하고 '순수한 인간성'을 추구하겠다는 고전주의 문학 강령을 표방하면서 헤르더에게 비판적 거리를 둔다. 괴테가 『호렌』에 발표한 「문학적 상퀼로트주의」(1795)에서 "우리는 독일에서 고전적 작품들이 나올 수 있는 계기를 마련해줄 지도 모른다고 해서 혁명이 일어나기를 바랄 수는 없다."(『문학론』, 40)고 단언한 것은 누구보다 헤르더의 입장을 겨냥한 비판이라 할 수 있다. 실러 역시 헤르더에게 보낸 편지에서 문학과 현실의 긴밀한 상호작용을 옹호하는 헤르더의 입장을 논박하고 당대 독일 상황에서 문학과 사회현실이 '시'와 '산문'의 관계처럼 대립하고 있다고 이렇게 말한다.

> 우리 시대가 처한 상황을 전반적으로 보자면 제 생각에는 산문의 압도적인 위력이 너무나 막강하기 때문에 시정신이 산문적 현실을 다스리기는커녕 필연적으로 산문적 현실에 감염되어 파멸할 수밖에 없을 듯합니다. 그래서 저는 시정신이 산문적 현실과 결탁하여 위험을 자초하지 말고 현실세계의 영역에서 물러나서 엄격히 분리되도록 추구하는 것 이외에는 구원의 방도가

없다고 생각됩니다.[4)]

바로 이런 생각을 바탕으로 정치적 분쟁에 초연한 비판적 거리를 두고 '미적 교육'을 통해 진정한 '자유의 왕국'으로 나아가야 한다는 견해를 피력한 것이 뒤에서 살펴볼 쉴러의 미적 교육론이다.

3. 괴테의 자연미학과 상징 개념

괴테가 1786~1788년 이탈리아 여행에서 돌아온 이후 문학관의 변화를 이끄는 결정적인 계기는 자연탐구이다. 「아름다움은 자유로운 상태의 완전함이라는 이념을 어떻게 유기적 자연에 적용할 수 있는가」(1795)라는 글에서 괴테는 모든 생명체의 활동원리인 '자유로운 상태의 완전함'(Vollkommenheit in Freiheit)을 미의 이념으로 상정한다. 괴테가 말하는 '자유로운 상태의 완전함'이란 하나의 생명체를 구성하는 각각의 지체(肢體)들이 여타의 지체들을 억압하지 않고 서로 완벽한 조화와 균형을 이루어서 각각의 지체가 최고의 '자유'를 누리는 상태를 가리킨다.

---

4) Albert Meier: Klassik – Romantik, Stuttgart 2008, 109에서 재인용.(1795년 11월 4일 쉴러가 헤르더에게 보낸 편지)

우리가 완벽하게 조직된 유기체를 바라볼 때 그 유기체가 원하기만 하면 자신의 모든 지체들을 자유롭게 사용하는 것이 가능하다고 생각할 수 있다면, 그런 존재는 아름답다고 일컬을 수 있을 것이다.(HA 13, 23)

이처럼 유기적 자연에서 관찰되는 '자유로운 상태의 완전함'이 괴테에겐 완벽한 아름다움의 본보기가 된다. 그래서 "항상 창조하는 자연에 대한 정신적 직관을 통해 자연의 생산에 정신적으로 참여하는" 예술가의 창조정신을 '직관적 판단력'이라 일컫는다(HA 13, 30). 그런 맥락에서 괴테는 "아름다움은 비밀스러운 자연법칙의 현현이며, 자연법칙은 이러한 현상적 드러남이 없으면 영원히 감춰져 있을 것이다."(HA 12, 467)라고 말한다. 예술이 구현하는 아름다움은 숨겨져 있는 자연법칙을 드러내는 것이며, 그런 의미에서 예술은 '자연의 가장 고결한 해석자'가 된다. 괴테는 모든 자연현상에서 드러나는 자연의 내적 법칙을 '근원현상'(Urphänomen)이라 일컬었다. 예컨대 식물의 경우 씨앗에서 싹이 트고, 줄기가 자라나고, 가지가 뻗고, 잎이 열리고, 꽃이 피고, 열매를 맺는 방식으로 비록 형태는 다채롭게 변화하지만 그 모든 생성과정에서 동일하게 작용하는 '원형'(Urgestalt)이 있다는 것이다. 괴테는 그것을 '근원식물'(Urpflanze)이라 일컬었는데, 그것은 식물의 성장과정에서 다양한 형태로 발현되므로 감각적으로 경험할 수 있다고 했다.

괴테가 쉴러에게 이런 생각을 피력하자 쉴러는 그런 의미에서의 '근원식물'은 감각적 '경험'의 대상이 아니라 '이념'(Idee)이라고 논박했다는 유명한 일화가 있다. 칸트주의자인 쉴러가 보기에 감각적 다양성을 동일하게 파악하게 해주는 것은 선험적 인식원리인 이성의 이념이지 결코 감각적 경험대상이 아니라는 것이다. 쉴러에게 자연현상과 자연의 이념은 관찰대상과 주체의 인식능력으로 엄격히 구별되는 것이다. 그렇지만 괴테는 이념과 현상을 그런 주체·객체의 관계로 이원적으로 분리해서 보지 않고 자연 안에서 통일된 관계로 사고한다. 괴테의 말을 빌리면 "사람들이 이념이라 일컫는 것은 언제나 현상으로 드러나며, 따라서 모든 현상의 법칙으로 우리에게 다가온다."(WA II.13, 39) '이념'도 '현상'을 통해 우리가 감각적으로 경험할 수 있다고 보는 것이다. 그런 의미에서 괴테가 생각하는 '이념'(Idee)은 고대 그리스에서 '이데아'의 어원인 idein('바라봄'의 뜻)의 원뜻에 충실한 개념이다.[5] '이념'은 초감각적 이성적 구성물이 아니라 자연사물의 구체적 형상으로 지각할 수 있는 경험대상인 것이다.

괴테는 '근원현상'의 의미를 네 차원으로 설명한다.[6] 첫

---

5) Carl Weizsäcker: Einige Begriffe aus Goethes Naturwissenschaft, in: HA 13, 544 참조.

6) Goethe-Handbuch, Bd. 4-2, Stuttgart 1998, 1081 참조.

째, 근원현상은 궁극적 인식의 대상이라는 점에서 '이상적'(ideal)이다. 둘째, 근원현상은 감각적 현상들에서 인식될 수 있다는 점에서 '실재적'(real)이다. 셋째, 근원현상은 모든 현상들을 포괄한다는 의미에서 '상징적'(symbolisch)이다. 넷째, 근원현상은 모든 현상들과 '동일하다'(identisch). 근원현상은 다양한 자연현상에서 인식할 수 있는 한에는 '실재적' 현상이지만, 궁극적 인식대상이라는 점에서는 도달할 수 없는 이상이기도 하다. 그리고 근원현상은 현상의 피안에 따로 존재하는 것이 아니라 현상과 동일한 존재이다. 무수히 다양한 형태로 나타나는 근원현상을 그럼에도 동일자로 인식하게 해주는 포괄적 원리가 바로 '상징'이다. 괴테의 고전적 양식 개념의 핵심을 이루는 상징 개념은 바로 이러한 자연관에 바탕을 두고 있다. 상징에 관한 괴테의 정의에서 그 점은 분명히 확인된다.

> 상징은 현상을 이념으로, 이념을 하나의 형상으로 변형시키거니와, 그 과정에서 이념은 형상 속에서 언제나 무궁무진한 작용을 일으켜서 결코 그 궁극에 도달할 수 없으며, 설령 그 어떤 언어로 표현한다 하더라도 남김없이 표현될 수 없는 상태에 머물게 된다.(HA 12, 470)

상징은 다양한 현상 속에서 동일하게 작용하는 이념을 인식하여 그것을 구체적 형상으로 표현한다. 자연의 다양한 현상에 동일하게 작용하는 이념은 이미 언급한 대로 궁극적 인식대상이라는 점에서는 결코 온전히 파악될 수 없는 '이상'이다. 훌륭한 예술작품이 불러일으키는 '무궁무진한 효과' 역시 그러한 자연의 생성원리에 상응한다. 훌륭한 예술작품은 기성의 앎을 전달하는 언어적 표현의 한계를 언제나 초극하여 무궁무진한 의미의 생성을 가능하게 하는 것이다.

우리가 자연을 남김없이 온전히 인식할 수 있다고 믿는 것은 근대 과학주의의 지적 오만일 뿐이다. 예컨대 데카르트가 세계를 '인식하는 주체'(res cogitans)와 '외연적 사물'(res extensa)로 나누었을 때 자연은 인식주체의 과학적 틀로 온전히 계산 가능한 물질의 양적 크기로 환원된다. 괴테가 자연의 근원현상을 인간의 인식으로 결코 완벽하게는 도달할 수 없는 '이상적' 상태로 사유한 것은 바로 그런 근대 과학주의에 대한 근본적인 비판적 문제의식을 표명한 것이라 할 수 있다.

데카르트적 이분법과 달리 괴테는 인간주체와 자연대상의 관계를 서로에게 열려 있는 상호작용의 관계로 본다. 흔히 '눈의 인간'이라 불리기도 하는 괴테는 눈이라는 감각기관을 통해 인간의 내면세계와 바깥세계가 만나서 총체적 세계를 형성하는 원리를 이렇게 말한다.

빛의 창조물인 눈은 빛 자체가 해낼 수 있는 모든 것을 할 수

> 있다. 빛은 가시적인 것을 눈에 제공하며, 눈은 자기가 본 것을 인간의 온몸에 제공한다. 귀는 말하지 못하고 입은 보지 못한다. 그러나 눈은 알아듣고, 말한다. 눈에서는 바깥으로부터 세계가 투영되고, 안으로부터는 인간이 투영된다. 안과 밖의 총체가 눈을 통해 완성된다.(HA 13, 642)

인간의 내면세계 즉 의식은 바깥세계를 규제하는 원리가 아니라 눈을 통해 바깥세계를 받아들이고 그리하여 '안'과 '밖'의 총체적 합일을 지향하는 것이다. 그런 이유에서 괴테는 '모든 새로운 대상'에 대한 관찰경험은 인간의 내부에 '새로운 기관'을 생성시킨다고 말한다.

> 인간은 세계를 인식할 때만 자기 자신을 인식하며, 오로지 자신의 내부에서만 세계를 인지하고 세계 속에서만 자신을 인지한다. 모든 새로운 대상은 잘 관찰해보면 우리의 내부에 하나의 새로운 기관을 열어준다.(HA 12, 38)

범박하게 말하자면 우리가 몰랐던 (혹은 익히 안다고 생각해온) 사물의 신비나 아름다움을 새롭게 발견할 때 그 순간 우리에겐 '보는 눈'이 하나 더 생기는 셈이다. 자연현상은 우리가 구체적 경험으로는 온전히 다 헤아릴 수 없이 무한히 다양하며, 그 무한한 다양성 속에서도 동일하게 작용하는 근원현상은 그 현상들과 동일하기 때문에 우리가 결코 온전히 도달할 수 없는 무궁무진한 세계이다. 자연 중에서도 가장 복잡하고 가장 완전한 존재가 인간이다. 하지만 자연에서 드러나는 '자유로운 상태의 완전함'이 곧 아름다움이라는 것을 흔히 망각하는 동물도 바로 인간이다. 괴테가 자연에서 아름다움의 이념을 추구하는 것은 그러한 자기망각의 미망을 걷어내고 사물과 인간의 본연의 모습을 볼 줄 아는 능력을 길러야 한다는 맥락에서 이해할 수 있을 것이다. 그런 점에서 괴테의 자연미학은 쉴러와는 또 다른 차원에서 미적 교육을 통한 인간성의 함양을 지향한다고 할 수 있다.

4. 쉴러의 미적 교육론과 교양 이념

독일 고전주의가 추구하는 문학이념의 핵심은 '교양'(Bildung)의 이상으로 집약될 수 있다. Bildung은 좁은 의미로는 '교육'으로 번역되기도 하지만, 독일 고전주의 문학의 궁극적 이념적 목표로 설정되는 Bildung 개념은 인간이 타고난 소양과 능력을 조화롭게 발전시켜서 전인적 인격체로 도야해야 한다는 인본주의적 이상을 가리킨다. 원래 18세기 이전까지 Bildung 개념은 기독교 신학의 맥락에서 '신을 닮은 형상'으로 창조된 인간이 신으로부터 부여받은 소명을 완수해야 한다는 뜻으로 사용되었다. 그러나 18세기에 들어와서 Bildung 개념은 인간성(Humanität)의 온전한 함양과 완성을 추구하는 '인간학적 전환'이 이루어진다. 이미 앞에서 살펴본 대로 헤르더는 그런 맥락에서 '이성과 자유, 섬세한 감성과 충동을 추구하는 인간의 고결한 교양'을 휴머니티의 이상으로 제시했던 것이다. 헤르더의 교양이념이 역사주의에 바탕을 둔 역사철학적 인식의 소산이었다면, 쉴러는 당대 현실에 대한 비판적 인식을 바탕으로 '미적 교육'(ästhetische Erziehung)을 온전한 인간성의 함양을 위한 교양의 핵심목표로 제시함으로써 독일 고전주의의 예술적 강령과 교양이념을 결합시켰다. 여기서는 쉴러의 『인간의 미적 교육을 위한 서한』(1795)[이하 『서한』으로 줄임]을 중심으로 쉴러의 미적 교육론이 추구하는 교양이념을 살펴보고자 한다.

(1) 시대 비판

『서한』의 서두에서 쉴러는 "예술작품 가운데 가장 완전한 예술작품, 즉 진정한 정치적 자유를 구축하는 일"(『서한』, 34)이 당대 학자들 사이에 초미의 관심사로 부각되는 상황에서 '아름다움'에 관한 논의를 개진하는 것이 과연 '시대적 흐름에서 벗어나는 일'은 아닐까 하고 스스로 의문을 제기한다. 그리고 스스로 답하기를 "현실에서 정치적인 문제를 해결하기 위해서는 미적인 길을 선택해야 한다"는 확신을 표명하며, 이어서 "자유에 이르는 길은 바로 아름다움을 통해서만 가능하기 때문"(『서한』, 37)이라고 그 이유를 밝힌다. 『서한』의 핵심 논지를 미리 밝히는 쉴러의 이러한 발언은 『서한』이 프랑스 대혁명 발발 직후 집필되었다는 시대적 배경에 비추어 이해될 필요가 있다. 애초에 쉴러는 프랑스 대혁명이 표방한 자유 · 평등 · 박애의 이념 자체에는 적극적으로 공감했다. 그러나 혁명이 유혈 공포정치의 국면으로 접어들고 특히 1793년 루이 14세가 처형된 이후에는 혁명의 폭력성에 단호한 비판적 입장을 취했다. 이 책에서도 그러한 비판적 입장은 다음과 같이 표현된다.

> 인간은 자기들이 생각하기에 부당하게 거부된 것을 폭력으로 취득하려고 여기저기서 봉기하고 있습니다.(『서한』, 54)
> 수적으로 더 많은 하위 계층에서는 시민적 질서의 속박에서 풀려나고 통제할 수 없는 분노를 가지고 그들의 동물적인 충족을 향해 달려가는 거칠고 무법적인 충동이 나타나고 있습니다.(『서한』, 55)

이러한 시대사적 맥락에서 보면 정치적인 문제의 해결을 위해 미적인 길을 택해야 하고 또 아름다움을 통해서만 자유에 이르는 길이 열릴 수 있다는 주장은 곧 프랑스 대혁명 같은 폭력적 혁명을 우회하는 대안적 가능성으로서 미적 교육을 통해 '진정한 정치적 자유'의 가능성을 모색하는 것이 이 책의 기본구상임을 밝히는 것이라 할 수 있다.

위의 인용문에서 쉴러는 '하위 계층'이 '무법적인 충동'의 '동물적 충족'을 '폭력'으로 분출하고 있다고 비판한다. 이처럼 자연적 욕구의 충족을 위해 힘이 지배하고 힘과 힘이 충돌하는 정치적 결사와 국가형태를 쉴러는 '자연국가'(Naturstaat)라는 개념으로 일반화한다. 넓게 보면 구체제하의 봉건절대왕정 역시 왕의 권리를 '자연적으로 타고난' 권리로 당연시한 점에서는 자연국가라 할 수 있다. 그리고 그러한 왕권을 무너뜨리려는 혁명적 봉기 역시 '폭력'에 의한 권력 찬탈을 추구하는 점에서는 여전히 자연국가의 틀 안에 갇혀 있다고 진단하는 셈이다. 이와 달리 이성의 정당한 입법에 의해 세워지는 국가를 쉴러는 '도덕국가'(Moralstaat)라 일컫는다. 그러한 도덕국가 역시 당대 현실에서는 실현될 수 없는 요원한 이상에 불과하다고 보는 것이 쉴러의 냉철한 현실인식이다. 그러한 비판적 진단의 근거로 쉴러는 계몽을 표방하면서도 '모든 것을 분리시키는 오성'의 역기능, 그러한 분리의 원칙에 길들여진 인간의 내적 분열과 파편화, 국가라는 '기계장치'의 '부품'으로 전락한 인간과 국가 공동체 사이의 소외 등을 꼽는다.

쉴러에 따르면 현대인에게 개인의 삶의 형식을 부여하는 것은 모든 것을 분리시키는 오성이며, 그러한 오성의 계몽은 인간의 본성까지도 '감정'과 '원칙'을 배타적 대립관계로 분열시킨다.

> 인간은 두 가지 방식으로 자기 자신과 대립할 수 있습니다. 감정이 원칙을 지배하는 미개인(Wilder)이거나, 또는 원칙이 감정을 파괴하는 야만인(Barbar)입니다. 미개인은 예술을 경멸하고 자연을 자신의 무한한 명령자로 인식합니다. 야만인은 자연을 조롱하고 경멸하지만, 미개인보다 더 경멸스럽게 '자기 노예의 노예'가 됩니다.(『서한』, 52)

여기서 '감정'은 인간의 자연적 본능과 욕구를 가리키고 '원칙'은 이성적 인식능력과 도덕적 판단력을 포괄하는 것으로 이해할 수 있다. 그런데 이성과 도덕을 앞세워서 인간의 자연적 본능과 욕구를 무시할 때 본능에만 충실한 미개인보다 더 경멸스럽게 '자기 노예의 노예'가 된다는 말은 두 가지 의미를 함축하는 것으로 보인다. 첫째, 인간의 자연적 본능과 욕구를 이성과 도덕으로 쉽게 제어할 수 있는 것으로 너무 얕잡아 보고 과도한 자만에 빠진다는 것이다. 그럴 때 오히려 이성과 도덕이 인간의 뿌리 깊은 본능과 욕구에 쉽사리 굴복하는 결과가 초래될 수 있다는 것은 개인사와 역사에서 실감할 수 있다. 앞에서 언급한 프랑스 대혁명의 맥락에서 보자면 극단적 도덕주의를 표방한 공포정치의 잔혹한 폭력은 맹목적 권력욕이 도덕을 집어삼킨 것이라 할 수 있다. 둘째, 인간은 아직 이성과 도덕의 '주인'이 될 만큼 성숙하지 못했고 이성과 도덕을 무조건 맹신하는 '노예상태'에 있다는 것이다. 그렇기 때문에 이성과 도덕의 이름으로 본능적 감정을 '조롱'하고 '경멸'하지만, 그것은 곧 자신의 본성을 억압하여 자기분열을 초래하는 것일 뿐이다. 이성과 도덕에 대한 자만과 맹신은 결국 이성과 도덕의 무기력을 스스로 드러내고 이성과 도덕에 대한 불신을 조장한다. 그래서 쉴러는 그런 편협한 '오성의 계몽'이 '그 준칙을 통해 오히려 타락을 더 확고하게 만든다고 생각될 정도로' 무기력하다고 본다.

> 세련된 신분 계층이 정당한 근거를 가지고 뽐내는 오성의 계몽은, 그것이 오히려 준칙을 통해 타락을 더 확고하게 만든다고 생각될 정도로 전체적으로는 인간의 성향에 고상한 영향을 거의 미치지 못합니다.(『서한』, 57)

'오성의 계몽'에 대한 쉴러의 비판은 인간을 '부품 조각'으로 파편화시키는 국가조직 자체에 대한 비판으로 이어진다.

> 국가라는 시계장치는 생명력이 없는 수많은 부분들을 모아 붙여서 하나의 기계적 생명으로 만들어진 것입니다. 지금은 국가와 교회가, 법과 관습들이 각각 분리되었습니다. 그리고 노동으로부터 즐거움이, 목적으로부터 수단이, 보상으로부터 노력이 분리되었습니다. 인간은 끊임없이 전체의 하나의 작은 개별적인 부품조각에만 얽매여 자기 스스로를 오로지 부품 조각으로

만들어가고 있습니다. 그는 영원히 자기가 돌리는 바퀴의 단조로운 소음만 들으면서 결코 자기 본성의 조화를 발전시키지 못합니다.(『서한』, 65~66)

쉴러의 이러한 비판은 그의 당대의 봉건국가보다는 오히려 다음 세기에 체계화되는 근대국가의 위계적 권력구조와 관료체제에 해당된다고 볼 수 있다. 그리고 '노동으로부터 즐거움이 분리'되고 인간이 거대한 기계장치의 부품으로 전락하는 현상도 본격적인 산업사회의 노동 분업과 소외현상에 더 적중하는 진단이라 할 수 있다. 쉴러가 말하려는 핵심은 이와 같이 '생명이 없는 기계'의 삶에서는 '인간 본성의 조화'를 상실할 수밖에 없다는 것이다. 이렇듯 인간의 본성이 내적으로 분열되고 국가의 외적 강제에 의해 억압당하는 '이중의 폭력' 상태는 개개인의 불행을 초래하고 국가의 발전도 저해한다. "개인의 본성이 이렇게 파편화될 때 개인이 행복해질 수 없는 것은 물론이고 전체 역시 다른 어떤 방식으로도 발전할 수 없다."(『서한』, 70)

그렇다면 인간 본성의 조화로운 발전을 통해 보다 온전한 인간성을 구현하고 개인과 공동체의 유기적인 결합을 가능하게 하는 길은 무엇인가? 이 책의 서두에서 이미 쉴러는 그것이 오직 아름다움을 통해서만 가능하다고 선언했거니와, 그러한 미적 교육의 경로를 더 구체화하여 소재충동(Stofftrieb)과 형식충동(Formtrieb), 그리고 양자의 조화로운 상호작용을 가능케 하는 유희충동(Spieltrieb)이라는 개념으로 설명한다.

(2) 소재충동, 형식충동, 유희충동

쉴러가 말하는 소재충동이란 인간이 바깥세계의 다양한 대상들을 받아들여서 자신을 풍요롭게 하고 부단한 변화를 추구하려는 욕구로서, 인간의 감각적 본성에서 유래하기 때문에 '감각충동'이라 일컫기도 한다. 그런 의미에서 소재충동은 감수성(Empfänglichkeit) 또는 수용능력(empfangendes Vermögen)과 등치된다. 그 반면 형식충동이란 인간이 소재충동에 의해 받아들인 다양한 경험의 질료에 일관된 형식과 통일성을 부여하고, 그럼으로써 인격의 지속성을 가능하게 하는 충동으로서, 인간의 이성적 본성에서 유래하는 것이다. 소재충동이 수용능력이라면 형식충동은 규정능력(bestimmendes Vermögen)이다. 양자의 고유한 기능과 상관성을 쉴러는 다음과 같이 설명한다.

> 감수성이 민감할수록, 감수성이 유연할수록, 그리고 감수성이 현상과 더 많이 접촉할수록 인간은 세계를 더 많이 **포괄하고** 자기 안에서 소질을 더 많이 발전시키게 됩니다. 인격성이 힘과 깊이를 더 많이 획득할수록, 이성이 더 많은 자유를 획득할수록 인간은 세계를 더 많이 **파악하고** 자기 밖에서 형식을 더 많이

> 창조합니다. 그러므로 인간문화의 본령은 다음과 같은 점에 있습니다. 첫째는 수용능력이 세계와 가장 많이 접촉할 수 있도록 해주고 감정의 영역에서 수용성을 최고 수준으로 끌어올리는 것입니다. 둘째는 규정능력이 수용능력으로부터 최고의 독립성을 획득하도록 해주고, 이성의 영역에서 능동성을 최고 수준으로 끌어올리는 것입니다. 두 특성이 합치되면 인간은 최고의 자립성과 자유를 존재의 최고의 풍요로움과 결합시킵니다. 그리고 인간은 세계에 몰입하여 자신을 잃어버리지 않고, 오히려 무한한 현상들의 세계를 자신 안으로 끌어와서 이성의 통일성에 종속시킵니다.(『서한』, 120)[원문 강조]

요컨대 섬세한 감수성을 통해 세계의 풍요로움을 수용하되 그렇게 집적된 질료에 일정한 형식을 부여하여 인격의 통일성과 자립성을 구축해야 한다는 것이다. 그런데 소재충동과 형식충동은 인간의 감각적 본성과 이성적 본성에서 유래하기 때문에 양자는 충돌할 수도 있고 어느 한쪽이 다른 한쪽을 일방적으로 종속시킬 수도 있다. 소재충동이 과도한 우위를 점하면 '세계에 몰입하여 자신을 잃어버릴' 위험이 따르고, 형식충동이 소재충동을 억압하면 자아와 세계는 단절되고 인격은 풍요로움을 결여한 공허함에 빠질 위험에 처한다. 쉴러는 소재충동과 형식충동의 충돌을 극복하고 양자의 생산적인 상호작용을 가능하게 하는 것은 "인간이 자기 존재의 완성을 통해서만 온전히 해결할 수 있는 이성의 과제"(『서한』, 125)라고 보며, 그것은 곧 '인간성의 이념'과 동일한 것이라고 말한다. 그리고 그러한 과제는 "인간이 시간의 흐름 속에서 점점 더 다가갈 수는 있지만 결코 도달할 수는 없는 무한한 것"이라 일컫는다. 다시 말해 소재충동과 형식충동, 감성과 이성의 조화와 통일을 통해 인간이 '인간성의 이념'에 따라 자기완성에 도달하는 것이 미적 교육의 궁극적 이상으로 설정되는 것이다.

그런데 이러한 언술은 감성과 이성의 통일을 '이념적' 목표 내지 이상으로 설정하고는 있지만 감성과 이성의 상호매개가 과연 어떻게 가능한가에 관해서는 충분한 설명이 되지 못한다. 그래서 쉴러는 양자의 교호작용을 가능하게 하는 '제3의 근본충동'으로 '유희충동' 개념을 도입한다. 유희충동은 소재충동과 형식충동 어느 한쪽의 일방적 강제성을 제거하고 양자의 유기적인 상호작용을 가능하게 하는 것으로, 쉴러는 그런 의미에서 유희충동의 대상을 "가장 넓은 의미에서의 아름다움"(『서한』, 132) 또는 "인간성의 총화로서 나타나는 아름다움"(『서한』, 134)이라 일컫는다. 여기서 말하는 '아름다움'이란 곧 예술작품에 구현된 아름다움이다. 따라서 미적 교육의 관점에서 바꾸어 말하면 '인간성의 총화'를 '아름다움'으로 구현한 예술작품이 그 수용자에게 이성과 감성의 궁극적인 조화와 통일을 환기시켜주는 심미적 체험의 과정이 곧 미적 교육에 해당된다고 볼 수 있다. 이성과 감성의 온전한 조화를 구현한 아름다움의 경험을 통해 인간은 이성과 감성의 일방적 지배에서 벗어나 온전한 인간성에 다가가는 '자기 존재의 완성'을 경험하는 것이다. 그것을 가능하게 하는 것이 곧 유희충동이므로 "인간은 완전한 의미에서 인간인 경우에만 유희하고, 인간은 유희하는 경우에만 완전한 인간"(『서한』, 138)이 된다.

(3) 미적 가상과 미적 국가

『서한』의 마지막 부분에서 쉴러는 유희충동을 활성화하는 미적 체험의 대상으로 '미적 가상'(ästhetischer Schein)을 다루고 있다. 일반적으로 말하면 미적 가상이란 예술작품을 현실과 구분하는 범주인데, 쉴러는 미적 가상의 고유한 특성을 현실과의 관계에서 두 가지로 설명한다. 하나는 미적 가상이 현실적 요구와는 무관하다는 의미에서 '정직한' 가상이어야 한다는 것이다. 다시 말해 미적 가상이 현실적 이해관계를 관철하기 위한 수단이 되거나 현실을 대체하려고 할 때는 "물질적 목적을 위한 저급한 수단이 되어버리며 정신의 자유를 증명할 수 없"다는 것이다(『서한』, 235). 다른 한편 미적 가상은 현실로부터 어떤 도움도 받지 않는다는 의미에서 '자립성'을 확보할 때만 성립된다. 예술작품의 아름다움이 어떤 현실적 대상에 의존할 때는 고유한 미적 가치를 상실하거나 훼손시킨다는 뜻이다. 예컨대 '모나리자'의 아름다움은 그 실제 모델이 되는 어떤 여성의 아름다움에 의해 설명될 수 없는 고유한 미적 가치를 갖고 있는 것이다. 이처럼 순수하고도 자립적인 미적 가상을 그 자체로 즐길 수 있는 '높은 수준의 미적 문화'가 형성된 '개인과 민족'의 공동체 안에서 미적 가상이 발휘하는 교육적 효과를 쉴러는 다음과 같이 말한다.

> 그곳에서는 사람들이 이상을 지배하고 현실적 삶을 지배하며, 명예가 소유에 대하여, 사상이 향락에 대하여, 불멸의 꿈이 존재에 대하여 승리할 것입니다. 또 그곳에서는 공공의 의견이 가장 두려운 것이 될 것이며, 월계관이 제왕의 용포보다 더 명예로운 것이 될 것입니다.(『서한』, 236)

앞에서 언급한 대로 미적 가상의 '순수성'은 현실적 이해관계와 사사로운 욕구를 초극한다. 그리고 미적 가상의 '자립성'은 예술작품이 현실의 단순모방이나 장식물이 되어서는 안 된다는 의미를 함축한다. 따라서 그런 의미에서 미적 가상을 향유할 능력을 가진 사람은 당연히 현실의 권위나 권력에 의존하지 않고 정신적 자유와 이상을 추구할 것이다. 그리고 자신의 사적인 이해관계를 넘어서 다수의 공정한 판단('명예')을 중시하므로 그런 인성을 갖춘 개인들로 구성된 공동체에서는 권력자의 전횡이 득세하기보다는 '공공의 의견이 가장 두려운 것'이 될 것이다. 여기서 "이성에 의해 이념적으로 구성된 국가는 더 나은 인간성의 기초를 다져줄 수 없으며, 오히려 국가가 더 나은 인간성의 기초 위에 세워져야"(『서한』, 75) 한다고 말한 참뜻이 분명히 드러난다. '이성에 의해 이념적으로 구성된 국가'는 이미 살펴본 대로 인간의 본성을 억압하고 심지어 인간을 '기계장치의 부품'으로 격하시키는 폭력성을 띤다. 그 반면 미적 교육을 통해 감각적 욕구와 이성의 대립을 극복하고 온전한 인격을 함양한 개인들로 구성된 공동체만이 위의 인용문에서 말하는 이상적 공동체가 되는 것이다.

그런 이상적 공동체를 쉴러는 '미적 국가'라 일컫는다. '자연국가'에서는 인간 대 인간의 관계가 오로지 본능적 욕구와 힘의 충돌로 나타나며, 이성의 원칙 위에 세워진 '도덕국가'는 '법칙'의 권위로 인간의 자유의지를 구속하는 한계를 갖는다. 이와 달리 '미적 국가'에서는 "미적인 형성충동이 인간을 모든 상황의 구속으로부터 벗어나게 해주고, 물리적으로나 도덕적으로 강제라고 할 만한 모든 것으로부터 해방시켜"(『서한』, 250) 준다. 미적 국가에서는 인간이 '자유로운 유희의 대상'으로만 서로 마주하며, "자유를 통해서 자유를 주는 것이 이 왕국의 기본 법칙"(『서한』, 251)이 된다는 것이다. 미적 교육을 통해 온전한 인간성을 함양한 개인의 본성을 발현하는 것이 곧 공동체 전체의 의사를 실현하는 것과 합치되기 때문이다. 인간이 내적으로나 외적으로 일체의 강제와 구속으로부터 벗어나고 공동체 구성원들이 서로에게 '자유를 통해 자유를 주는' 이상적 공동체를 일구는 것이 곧 쉴러가 미적 교육을 통해 추구하는 인간성의 함양과 인격의 완성, 즉 교양의 궁극 목표라 할 수 있다.

『서한』을 마무리하면서 쉴러는 미적 국가에서는 '몽상가들이 꿈꾸던 평등의 이상'이 실현된다고 말한다.

> 미적인 국가에서는 모든 것이, 사용하던 도구조차도 가장 고귀한 존재와 동일한 권리를 갖는 자유로운 시민이 됩니다. 또 늘 인내하는 대중을 강제적으로 자신의 목적 아래 굴복시키던 오성은 이제 대중들이 동의하는지 그들의 의견을 물어보아야 합니다. 여기 미적 가상의 왕국에서는 사실상 몽상가들이 꿈꾸던 평등의 이상이 실현됩니다.(『서한』, 256)

인간들 사이의 억압적 위계뿐 아니라 인간과 사물 사이의 위계마저 초극하여 인간과 사물이 '자유로운 시민'으로 어우러져 공존하는 이러한 절대적 평등의 이상은 현실적 준거와는 동떨어진 '순수한 유토피아'의 인상을 주는 것이 사실이다(Franke, 2000:715). 쉴러 자신도 그러한 미적 국가는 '섬세한 영혼'이나 극소수의 '순수한 교회나 순수한 공화국' 안에서만 찾아볼 수 있다고 말한다. 하지만 쉴러의 미적 교육론은 그 궁극적 이상이 얼마나 현실과 합치하느냐 여부로는 섣불리 평가할 수 없는 중요한 문제의식을 내포하고 있다. 쉴러가 예리한 직관으로 통찰한 인간의 내적 분열과 파편화, 그로 인한 인간성의 상실, 그리고 억압적 국가체제, 자본주의 생산체제에서 인간의 소외 문제 등은 19세기의 본격적인 근대화를 거쳐 현대사회로 올수록 더욱 심각한 문제로 대두하기 때문이다.

III.

독일 고전주의 문학예술론

1. 괴테의 '라오콘' 재해석과 고전미의 이상

이미 살펴본 대로 빙켈만이 『회화와 조각에서 고대 그리스 예술의 모방에 관한 성찰』(1755)에서 라오콘 조각상을 파악한 핵심은 '육체의 고통'을 극복하는 '영혼의 위대함'을 고대 그리스 예술의 고전적 이상으로 부각시킨 것이었다. 빙켈만의 라오콘 해석이 나온 이후 라오콘에 관한 새로운 해석을 시도한 것은 레싱(Lessing, 1729~1781)이다. 레싱은 『라오콘: 미술과 문학의 경계에 관하여』(1766)에서 이 책의 부제가 말하는 '미술과 문학의 경계'에 초점을 맞추어 라오콘 군상을 새롭게 해석하였다. 레싱에 따르면 미술과 조형예술은 공간예술로서 공간의 제약을 받는 반면에 문학은 시간예술로서 조형예술이 표현할 수 없는 정신적 깊이를 통해 인간 내면의 상상력을 고양시킨다. 이를 통해 레싱은 문학이 미술보다 더 우월하다는 일종의 장르 우위론을 개진한다. 구체적으로 라오콘 조각상에 관한 레싱의 해석은 다음 몇 가지 논점으로 집약된다(레싱, 2008:249~268 참조).

첫째, 라오콘 군상은 '특정한 공간 속에 놓여 있는 인간 육체'을 묘사하고 있다.

둘째, 따라서 라오콘 군상은 시간예술인 문학이 표현하는 사건의 시간적 전개를 묘사할 수 없다. 레싱은 이를 일반화하여 조형예술은 표현대상의 시간적 층위를 묘사해서는 안 된다고 주장한다.

셋째, 조형예술은 문학이 표현하는 '최고조의 격정'을 묘사해서는 안 된다는 것이다. 레싱은 영향미학의 관점에서 그 논거를 제시한다. 만약 조형예술이 '최고조의 격정'을 묘사하면 해당 작품의 감상자에게 시각적으로 묘사된 것보다 더 강렬한 반응, 즉 상상력의 고양을 유발할 수 없기 때문에 조형예술은 그런 정점을 묘사해서는 안 된다는 것이다. 만약 라오콘이 단말마의 비명을 지르는 모습으로 묘사되었다면 감상자가 상상할 수 있는 것은 바로 다음 순간의 '죽음'이기 때문에 감상자의 정신을 고양시키는 데는 절대적 한계가 주어진다는 것이다. 이러한 논변 역시 철저히 영향미학적 관점에서 나온 것임을 알 수 있다.

넷째, 빙켈만의 해석과 달리, 극한의 육체적 · 정신적 고통을 견디는 '영혼의 위대함'을 표현하기 위해 라오콘 군상에서 '절규'의 묘사를 피한 것이 아니라 '최고의 아름다움'을 표현하기 위해 격정적 고통을 완화시켜서 묘사했다는 것이다. 만약 고통을 참지 못해 크게 벌린 입을 묘사했다면 그런 형상은 시각적으로 "세상에서 가장 보기 흉한 구멍"(같은 책, 40)으로 보여서 추하고 역겨운 느낌을 불러일으킬 거라고 레싱은 말한다.

괴테가 그의 고전주의 문학예술론의 강령을 연재한 잡지 『프로필레엔』(Propyläen)에 발표한 「라오콘에 대하여」(1798)는 명시적으로 빙켈만과 레싱을 언급하지는 않지만 양자의 관점과는 완전히 대비되는 새로운 관점에서 라오콘을 해석한 것으로, 괴테의 고전주의 예술관이 예술작품에 대한 실제비평으로 구체화된 것이라 할 수 있다. 괴테의 새로운 관점을 살펴보기 전에 먼저 예술사가 히르트(Aloys Hirt, 1759~1837)가 괴테의 글보다 한 해 전에 발표한 「라오콘」(1787)을 참조할 필요가 있다. 히르트의 글은 다름 아닌 괴테의 추천으로 쉴러가 발행한 잡지 『호렌』(Die Horen)에 게재되었으므로 빙켈만과 레싱의 글 외에도 괴테가 중요하게 참조했던 선행 텍스트이다. 히르트의 논지는 가령 다음과 같은 묘사에서 분명히 드러난다.

> 라오콘은 비명을 지르지 않은 것은 이미 그럴 수 없는 상태이기 때문이다. 거대한 괴물과의 싸움은 시작되는 것이 아니라 끝나고 있다. 그래서 가슴에서 신음 소리를 낼 수 없는 것이다. 일그

> 러진 입술은 질식하는 순간의 고통을 표현한 것이며, 마지막 단말마의 숨결이 그 입술에 감도는 것 같다. 팔다리는 발작과 극도의 긴장, 처절한 경련을 보여준다. 이 가련한 사람은 투쟁으로 인해 마지막 남은 힘까지도 탈진했다. (…) 뱀이 그를 물어서 서서히 죽이는 것이 아니라, 경악과 무기력한 저항, 구하지 못하고 죽게 될 아이들을 바라보고만 있는 상태가 독보다 더 강력하게 작용한다. 격렬하게 신체의 바깥쪽으로 솟구쳐서 모든 혈관을 부풀게 하는 혈액은 온몸의 순환을 정지시키고 들숨의 호흡을 방해하고 있다. 혈액의 압박과 순환장애로 인해 허파가 점점 더 확장되고 있다. 뱀에 물린 독(毒)의 침하작용으로 혈액의 격렬한 용솟음이 가속화되고 있다. 질식의 압력이 뇌를 마비시키고, 뇌졸중이 급작스러운 죽음을 초래하는 것으로 보인다.[1)]

라오콘 군상을 뱀에 물린 '독'의 작용으로 신체가 마비되어 죽음에 이르는 장면으로 해석한 것이다. 의학과 해부학의 지식을 작품해석의 결정적 논거로 차용한 것이다. 요컨대 빙켈만의 이상주의적 해석을 근대과학의 입장에서 논파하려는 시도라 할 수 있다. 그런데 괴테가 예술에 관한 다양한 입장들을 다룬 예술 우화 「미술품 수집가와 그의 친구들」(1799)에 '손님'으로 등장하는 인물의 실제 모델이 히

---

1) Hirt: Laokoon, in: *Die Horen*, 3 (1797), 8, in: Mülder-Bach(2000), 467에서 재인용.

르트로 알려져 있는데, 그 '손님'은 "내가 오성으로 파악할 수 없는 것은 나에게 존재하지 않습니다."(『예술론』, 106)라며 '아름다움' 역시 철저한 오성적 인식의 대상이라고 주장한다. 요컨대 히르트는 경험적 사실에 대한 오성적 인식만을 추구하는 철저한 과학실증주의자라 할 수 있다.

괴테가 「라오콘에 대하여」의 첫 문장에서 "진정한 예술작품은 자연의 작품과 마찬가지로 우리의 오성으로는 파악할 수 없는 무한한 것이다."(『예술론』, 70)라고 말하는 것은 히르트의 입장을 비판한 것이라 할 수 있다. 또한 "예술작품은 외관상 다시 자연의 작품이 되어야 한다는 망상을 품고 있는 현대인"(『예술론』, 73)을 비판하는 것도 그러한 과학실증주의를 겨냥한 것이다. 히르트의 관점으로는 라오콘 조각상의 고유한 아름다움을 해명하지 못하는 것은 당연하다. 뱀에 물린 독이 인체에 미치는 영향은 굳이 라오콘 조각상이 없더라도 그 자체로 얼마든지 설명될 수 있기 때문이다. 히르트의 관점에서 예술작품은 과학 지식을 예증하는 하나의 증거물로 격하되는 것이다.

괴테의 라오콘 해석의 대전제는 예술작품을 그 자립적 완결성 안에서 파악해야 한다는 것이다. 예술작품은 "자립적인 것, 자기 완결적인 것"이며 "자기 자신을 통해, 자기 자신 속에서 완결되어 있다."(『예술론』, 74) 이것은 당연한 말처럼 들리지만, 빙켈만이나 레싱 또는 히르트의 해석과는 엄연히 구별되는 새로운 관점을 제시한다. 괴테 이전의 모든 해석은 라오콘 조각상 바깥에 선행하는 트로이 목마의 신화와 그것을 다룬 문학작품에 의존하고 있다. 다시 말해 이전의 해석들은 신화적 서사의 플롯 안에서 어느 순간이 라오콘 조각상으로 구현되었는가 하는 문제에 초점을 맞추고 있다. 그래서 빙켈만은 라오콘을 베르길리우스의 서사시와 비교했고, 레싱은 고통의 최고 절정(즉 '비극 드라마'의 절정)을 피해야 한다고 했던 것이다. 이와 달리 괴테는 이전의 해석자들이 라오콘 조각상에 투사한 신화적 서사와 드라마의 흔적을 모두 제거한다.

> 이 군상에서도 라오콘은 단지 이름일 뿐이다. 예술가들은 그에게서 그의 사제직, 그의 트로이 민족사와 관련된 부가물, 모든 시적이고 신화적인 부가물을 떼어냈다. 라오콘은 여기서 신화 속의 라오콘이 아니다. 우리 눈앞에 있는 것은 두 마리의 위험한 동물에 희생될 위기에 처한 두 아들과 아버지다. 뱀들도 신이 보낸 뱀이 아니라 자연 속에서 볼 수 있는 뱀이다.(『예술론』, 75)

라오콘에게서 모든 외적 부가물을 떼어내고 순전히 그 '이름'으로만 보겠다는 것은 '우리 눈앞에' 보이는 '시각적 기호' 자체로 보겠다는 뜻이다. 그런 관점에서 괴테는 신화로 전승된 모든 사전지식을 배제하고 아버지가 두 아들 곁에서 '잠을 자다가' 뱀에게 물리는 '자연 상태'의 상황을 가정한다.

괴테가 예술작품의 '자립적 완결성'을 강조하는 또 다른 맥락은 이전의 해석들이 라오콘 군상이 관찰자에게 유발하는 '효과'를 작품 자체의 미적 특성으로 전가하는 경향을 비판한 것이다. "예술작품이 우리에게 미치는 효과를 너무 직접적으로 작품 자체에 전가하면 안 된다."(『예술론』, 78)는 것이다. 그런 이유에서 라오콘 군상에서 빙켈만처럼 '영혼의 위대함'을 보거나 히르트처럼 '몸에 퍼지는 치명적인 독'과 '단말마의 고통'을 보는 것은 모두 관찰자의 주관을 작품에 투사한 자의적 해석이다.

작품 바깥의 사전지식이나 주관적 느낌을 작품 자체에 전가하는 이전의 해석들과 달리 괴테는 라오콘 군상의 시각적 이미지 자체를 철저히 작품 내재적으로 해석한다. 괴테에 따르면 라오콘 군상이 탁월한 예술작품이 되는 비결은 라오콘의 분투와 고통이 '하나로 결합되는 순간'을 포착한 데 있다.

> 이 조각을 탁월한 작품으로 만드는 것은 바로 순간의 묘사이다. 조형예술 작품이 정말로 눈앞에 움직이는 것처럼 보이게 하려면 일시적인 순간을 선택해야만 한다. 그 직전에는 전체의 단 한 부분도 이 상태에 있어서는 안 된다. 그 직후에는 모든 부분이 이 상태를 벗어나야 한다. 이를 통해 이 작품은 수많은 관람자에게 언제나 새롭게 살아난다.(『예술론』, 75)
>
> 라오콘 조각의 의도를 올바르게 파악하려면 그 앞에 적당한 거

> 리를 두고 눈을 감은 채 서보아야 한다. 그리고 눈을 떴다가 금방 다시 감으면 **대리석 전체가 움직이는 것을 보게 될 것이다.** 사람들은 눈을 다시 떴을 때 군상 전체가 변한 것을 보게 될까봐 두려울 것이다. 그 군상이 서 있는 모습은 **응고된 번개**, 해변을 때리는 **순간에 돌로 변한 파도** 같은 것이다.(『예술론』, 77) [인용자 강조]

라오콘 군상을 역동적인 운동성의 순간적 정지 상태로 파악한 이러한 해석은 일찍이 레싱이 조형예술이 묘사해서는 안 되는 금기사항으로 부정했던 '시간성'의 시각적 구현으로 파악했다는 점에서 사실상 레싱의 테제를 전복시키는 것이다. "이 조각상에 대한 아무런 해석도 알려져 있지 않은 상태에서 이 군상을 설명한다면 나는 그것을 비극적 목가라 부를 것"(『예술론』, 75)이라면서 괴테는 이 조각상의 역동성을 '비극적 목가'의 '시각적 드라마'로 새롭게 해석한다. 이 조각상이 포착한 순간은 그 전후의 다른 어떤 순간에 의해서도 대체될 수 없는 절묘한 순간이다. 아버지는 아직 저항할 힘은 있지만 이미 상처를 입었고, 왼쪽의 작은아들은 뱀에 휘감겨서 꼼짝 못하는 상태에 처해 있고, 오른쪽의 큰아들은 아직 도망갈 가능성이 남아 있다. 아버지의 고통은 극도의 '경악'을 불러일으키고, 작은아들의 상태는 '동정'을 불러일으키며, 큰아들의 모습에는 어쩌면 구제받을 수도 있다는 일말의 '희망'과 뱀의 공격을 받을지도 모르는 '두려움'이 교차한다. 이로써 라오콘 조각상은 세 명이 처해 있는 상황을 황금비율로 배분하여 다양하게 묘사함으로써 "인간이 경험할 수 있는 모든 감정의 원환을 완성"(82면)하여 자기 완결적 예술작품이 된다. 여기서 '경악'과 '동정' 그리고 '희망'과 '두려움'은 이 '비극적 목가'가 시각적으로 연출하는 드라마의 산물인 것이다.

조각상이 묘사하는 세 인물과 뱀의 움직임에 대한 괴테의 묘사 역시 시각적 이미지 자체에 초점을 맞추고 있다. 라오콘이 이미 뱀에 물려서 치명적인 상태에 빠져 있다고 보았던 빙켈만이나 히르트의 해석과 달리 괴테는 라오콘이 뱀에 막 물리는 순간을 묘사한 것이고,[2] 그로 인한 "고통스럽고 예기치 못한 순간적인 자극"(『예술론』, 78)이 군상 전체의 움직임을 자연스럽게 규정하고 있다고 본다.

> 뱀은 이 불행한 사람에게 하필이면 어떤 자극에도 민감한 부분, 심지어는 조금 간질이기만 해도 격렬한 육체적 반응을 일으키는 바로 그 부분에 상처를 가한다. 육체는 반대방향으로 피한다. 몸통이 움츠러든다. 어깨는 아래로 수그러들고 가슴이 앞으로 튀어나온다. 머리를 뱀에 물린 쪽으로 숙여진다. 싸우고 있

---

2) 괴테는 라오콘 조각상에서 라오콘을 무는 뱀의 머리 부분이 원래 훼손되었던 상태를 복원하는 과정에서 원작과 다르게 '변조'되었다고 보며, 그 증거로 온전한 상태로 남아 있는 뱀의 이빨 두 개를 언급한다.

는 팔과 포박되어 있는 발에 이전 상황 또는 행동의 잔재가 아직 나타나므로 다른 어떤 조건에서도 불가능할 싸움과 도망, 능동과 수동, 긴장과 이완의 상호작용이 생긴다. 물린 곳을 다른 부위로 옮기려고 해보면 이 조각을 만든 예술가들의 진실성에 감탄해 마지않을 수 없게 된다. 왜냐하면 그랬을 경우에는 몸짓 전체가 변할 것이기 때문이다.(『예술론』, 77 이하)

가령 히르트가 이미 치명적 독으로 죽음을 맞는 단말마의 고통과 마비된 경직상태로 해석한 것과 비교하면 괴테는 '다른 어떤 조건에서도 불가능할' 양극적 힘들의 긴장과 상호작용으로 이 작품의 조화로운 통일성이 생겨난다는 점을 설득력 있게 설명하고 있는 것이다. "모든 훌륭한 예술작품은 인간의 자연 상태를 표현한다."(『예술론』, 71)는 말의 의미가 여기서 분명히 드러난다. 해석자의 주관적 느낌이나 의도로 작품을 설명하는 것이 아니라, 조각상 자체에 구현된 움직임의 시각적 이미지 자체가 외부의 자극에 대한 인간 육체의 가장 자연스러운 반응과 일치한다는 점을 보여주는 것이다.

괴테는 라오콘 군상이 포착한 대체 불가능한 순간을 일반화하여 조형예술이 묘사할 수 있는 최고의 격정적 표현은 하나의 상태에서 다른 상태로 급격한 전이가 일어날 때 가능하다고 말한다. 비근한 예로 어린아이가 생의 에너지로 충만해서 들뜬 마음으로 빨리 달리다가 갑자기 다른 친구나 물체에 세게 부딪칠 때 마치 '전기 쇼크'처럼 충격이 사지에 전해진다는 것이다. 이처럼 라오콘에 관한 신화적 서사의 '내용'과는 아무런 관계도 없는 어린아이의 경우를 예로 드는 데서도 괴테가 라오콘 군상의 시각적 구조 자체에 논의를 집중하고 있음을 알 수 있다.

괴테는 하나의 탁월한 예술작품은 예술작품 전체를 내포하며 라오콘 군상이 바로 그런 경우라고 강조한다. 라오콘 군상은 보편적인 예술적 이상을 구현하고 있다는 것이다. 라오콘 군상은 "묘사해야 할 최고의 순간을 포착하여 대상을 제한된 현실로부터 끌어올려 이상적인 세계에서 그 대상에 척도와 경계, 현실성과 품위를 부여해야 한다."(『예술론』, 72)는 요청을 충족시키고 있다. 여기서 괴테가 말하는 '이상'은 가령 빙켈만이 '영혼의 위대함'과 결부시켰던 그런 도덕적 이상과는 구별되는 예술성 자체의 이상이다. 예술작품의 아름다움은 고유한 '척도'를 확보하고, 제한된 경험적 현실과는 구분되는 '경계'를 구획하며, 그럼으로써 관찰자가 작품에 전가하거나 투사한 의미가 아니라 작품 자체의 '현실성'과 '품위'로 구현되는 것이다. 요컨대 "미의 법칙"(『예술론』, 72)에 따라 스스로를 개진하는 것이 곧 괴테가 발견한 라오콘 군상의 고전적 아름다움의 이상이다.

마지막으로 괴테가 이 글을 쓰던 당시 라오콘 조각상의 행방에 관해 부연할 필요가 있다. 1798년 이탈리아를 침공한 나폴레옹이 교황과 평화조약을 체결하면서 그 조건으로 바티칸 소장 중요 미술품들을 프랑스에 양도하기로 합의가 이루어졌다. 이에 따라 라오콘 조각상도 파리로 옮겨졌는데, 괴테가 이 글을 쓰던 시점에는 라오콘 조각상이 아직 공개되지 않은 상태였다. 따라서 조각상이 이송과정에서 손상되었을 가능성을 배제할 수 없는 상황이었다. 괴테는 이 글에서 조각상이 다시 전시되어 모든 관람자들이 즐겨 감상할 수 있기를 바란다고 말하고 있으므로 분명히 그런 우려를 품었을 거라 짐작된다. 그렇게 보면 괴테가 이탈리아 여행 당시 직접 보았던 라오콘 조각상을 '우리 눈앞에' 보이는 대로 생생히 묘사한 괴테의 글은 어쩌면 손상되었을지도 모르는 라오콘 조각상을 온전히 복원하기 위한 배려도 담고 있다. 괴테가 이 조각상의 핵심적 디테일로 지목한 뱀 머리 부분이 올바르게 복원된 작품이 하나도 없노라고 개탄한 것은 그런 짐작을 뒷받침한다.

2. 괴테의 아리스토텔레스 비극론 재해석

괴테는 예술사가 마이어(Meyer)와 함께 발간한 잡지 『예술과 고대문화』에 발표한 「아리스토텔레스의 『시학』에 대한 부연설명」(1827)이라는 글에서 아리스토텔레스의 비극론을 기존의 주류적 해석과는 다른 관점에서 해석한다. 괴테에 따르면 기존의 해석은 "동정심과 두려움을 불러일으키는 행위와 사건을 묘사함으로써 이런 종류의 격정들로부터 관중의 정서를 정화시켜야 한다고 생각했던 것 같다."(『문학론』, 213) 다시 말해 비극이 관객에게 불러일으키는 정서적 정화작용에 초점을 맞추어 영향미학의 관점에서 해석해왔다는 것이다. 이와 달리 괴테는 아리스토텔레스가 비극의 본질을 정의한 대목을 자신이 직접 번역해서 보여줌으로써 자신의 생각과 확신을 가장 잘 전달할 수 있을 거라고 믿는다면서 직접 번역한 대목을 인용한다.

> 비극이란 고상한 언어로 낭독되는, 일정한 범위를 지니고 있는 의미심장하고 완결된 행위의 모방이다. 낭독자는 각자 자기 역할을 수행하는 개개의 인물들이지 한 개인이 이야기하듯 낭독하는 것은 아니다. 낭독하는 인물들은 연민과 공포가 한 차례 지나간 연후에 그러한 격정들이 다시 정화될 때 그들의 임무를 끝마치게 되는 것이다.(『문학론』, 213 이하)

괴테는 여기서 아리스토텔레스가 '비극의 구조'를 다루고 있지 비극이 관객에게 미치는 '효과'를 논하는 것은 아니라고 단언한다. 괴테가 라오콘 조각상에 관해 그 '효과'를 작품에 전가해서는 안 되며 오로지 작품의 '자기 완결성'에 주목해야 한다고 한 것과 같은 맥락에서 예술작품으로서의 비극의 자립성을 강조하고 있는 것이다. 라오콘에 관한 괴테의 새로운 해석이 레싱의 라오콘 해석에 대한 반론의 성격을 띠고 있듯이, 이 경우에도 괴테의 해석과 대척점에 있는 영향미학적 해석의 대표자는 바로 레싱이다. 『함부르크 연극론』에서 레싱은 아리스토텔레스가 의도하는 의미를 온전히 이해하려면 '연민'과 '공포'가 '정화'되는 카타르시스 작용을 '개념들의 조합 순서'에 따라 남김없이 파악해야 한다고 말한다. 즉 "1. 비극의 동정심이 우리의 동정심을, 2. 비극의 두려움이 우리의 두려움을, 3. 비극의 동정심이 우리의 두려움을, 4. 비극의 두려움이 우리의 동정심을 어떻게 정화할 수 있고 또 실제로 정화하는가를" (레싱, 2009:105) 남김없이 따져 보아야 한다는 것이다. 여기서 더 나아가서 레싱은 불행에 처한 사람을 보고서도 동정심을 느낄 줄 모르는 사람의 마음도 정화해야 하고, 끔찍한 악행을 보고서도 두려움을 느낄 줄 모르는 사람의 마음도 정화해야 한다고 역설한다. 결론적으로 레싱은 동정심과 두려움, 그리고 이 비슷한 격정들을 마음의 정화작용을 통해 "덕행의 능력으로 변환하는 것"(같은 책, 106)이 비극의 궁극 목표라고 본다.

이처럼 비극이 관객에게 불러일으키는 카타르시스 효과를 극대화하는 레싱의 해석과 달리 괴테는 카타르시스를 작품 구조상의 '화해적 완결'로 이해한다.

아리스토텔레스는 정화(카타르시스) 개념을 이러한 화해적 완

> 결로 이해하는데, 실은 모든 희곡작품, 심지어 모든 문학작품은 이러한 화해적 완결을 요구하는 것이다.(『문학론』, 214)

비극의 '구조'와 그 '효과'를 분리시키고 심지어 '화해적 완결'을 모든 문학작품의 요구사항으로 일반화한 괴테의 해석은 이미 괴테 당대에 거센 비판에 직면했다. 그럼에도 괴테는 자기 입장을 굽히지 않았고, 이 문제를 아리스토텔레스의 글에 대한 해석의 옳고 그름의 차원에서가 아니라 해석의 관점 차이로 간주한다. 가령 친구 첼터(Zelter)에게 보낸 편지에서 괴테는 "나에게 생산적이고 나의 여타의 생각과 연결될 수 있는 그런 생각을 나는 옳다고 간주했다."(FA I.22, 1159)[3]라고 토로한다. 일관되게 예술작품의 자립적 완결성을 옹호해온 자신의 생각과 연결되는 생산적인 관점이 괴테 자신에게는 옳다는 것이다. 역시 첼터에게 보낸 편지에서 괴테는 이렇게 말한다.

> "우리는 어떤 예술작품이 그 자체로서 완벽한가 하는 문제를 위해 싸우는데, 그들은 예술작품의 외적 영향을 염두에 두지. 진정한 예술가는 그런 문제에는 신경도 쓰지 않는데 말이야. 자연이 사자를 탄생시키든 벌새를 탄생시키든 개의치 않는 것과 마찬가지야."(같은 곳)[4]

---

3) 1829년 12월 30일 첼터에게 보낸 편지.

4) 1830년 1월 29일 첼터에게 보낸 편지.

사자가 태어날 때 과연 다른 동물들을 해칠지 여부에 개의치 않는 것이 곧 자연법칙이다. 이와 마찬가지로 예술의 법칙에 따르는 진정한 예술가는 '예술작품의 외적 영향'을 염두에 두지 않는다는 것이다. 괴테가 이처럼 일관되게 작품의 구조적 완결성을 옹호하는 배경은 몇 가지 측면으로 나누어 살펴볼 필요가 있다.

우선 괴테가 인용한 대목은 비극에 등장하는 인물의 '성격'이 아니라 비극의 '플롯'을 논하고 있다. 그런 점에서 무엇보다 '비극의 구조'를 다루고 있다는 괴테의 통찰은 텍스트의 문맥에 부합된다. 가령 그리스어 원전에 충실하고 후대의 번역을 두루 참조한 천병희 교수의 번역을 보더라도[5] 문제의 구절이 '연민과 공포를 환기시키는 **사건에 의해** 바로 이러한 감정의 카타르시스를 행한다.'라고 되어 있다. 극적 사건 자체가 카타르시스 작용을 가능하게 하는 작품 내재적 구조에 해당되는 것이다.

그렇지만 아리스토텔레스의 철학 전반에서 어떤 사태의 '잠재성'(Potentialität)과 그 외적 발현에 해당되는 '현실성'(Aktualität)은 동전의 양면처럼 긴밀하게 연관되어 있다

---

5) 아리스토텔레스: 『시학』, 천병희 역, 문예출판사 2004, 49: "비극은 진지하고 일정한 크기를 가진 완결된 행동을 모방하며, 쾌적한 장식을 가진 언어를 사용하되 각종 장식은 작품의 상이한 제 부분에 따로따로 삽입된다. 비극은 드라마적 형식을 취하고 서술적 형식을 취하지 않으며, 연민과 공포를 환기시키는 사건에 의하여 바로 이러한 감정의 카타르시스를 행한다."

(Kommerell, 1984:60). 예컨대 우리가 사물을 눈으로 보는 능력과 실제로 보는 행위, 그리고 우리의 시각에 포착된 대상을 제각기 분리해서 생각할 수 없는 것과 같은 이치라 하겠다. 그렇게 보면 괴테가 비극의 구조와 그 효과를 분리시키는 것은 사태의 절반만 보려고 하는 일면적 해석이라 할 수 있다.

사실 괴테 자신도 비극의 효과 자체를 부정하는 것은 아니다. 괴테는 아리스토텔레스가 『정치학』에서 음악이 광란의 도취상태에 빠진 사람들의 마음을 성스러운 멜로디로 진정시키는 윤리적 효과를 언급하는 대목을 예로 들어 음악의 그러한 효과가 비극의 효과와 유사하다는 점을 인정한다. 그렇지만 양자가 '동일한 경우'는 아니라고 부연한다. 음악의 효과는 비극의 효과에 비해 '소재의 성질'에 따라 결정되기 쉬운 차이가 있다는 것이다. 그 예로 괴테는 헨델의 오라토리오 〈알렉산더의 향연〉(1736)을 꼽는데, 기독교 성담(聖譚)을 다루는 이 작품의 소재 자체가 미적 효과를 좌우한다는 것이다. 괴테의 고전주의 미학에서 훌륭한 예술작품에 요구되는 기본 요건의 하나는 소재적 제약을 극복하고 미의 법칙을 따라야 한다는 것이다. 날것의 소재는 작품 외적인 것이며, 따라서 작품 외적인 요소가 작품을 압도할 때는 작품의 자립적 완결성이 결코 확보될 수 없기 때문이다.

괴테가 비극의 카타르시스를 '화해적 완결성'으로 이해

하는 이유도 바로 여기에 있다. 아리스토텔레스는 비극의 주인공이 '완전히 죄악에 빠진 인간'으로 묘사되어서는 안 된다고 했는데, 괴테는 그럴 경우 카타르시스는 단지 소재의 성질에 따라 좌우된다고 말한다. 극악무도한 죄인이 천벌을 받아 파멸하는 경우는 굳이 비극의 무대에 올리지 않더라도 경험상 자명하기 때문에 비극의 카타르시스 효과는 제로가 된다는 것이다. 그런 이유에서 괴테는 오이디푸스 3부작에서 주인공이 비극적 파멸에 이르는 원작 『오이디푸스』보다는 마지막에 죄를 용서받고 '화해'에 도달하는 『콜로노스의 오이디푸스』야말로 '가장 고차원적인 카타르시스'를 보여준다고 말한다. 아리스토텔레스는 비극의 주인공이 "악덕과 비행 때문이 아니라 어떤 과오 때문에 불행을 당한 인물"(『시학』, 78)이라 정의했다. 여기서 '과오'(hamartia)란 도덕적 결함이나 성격적 결함보다는 특정한 상황에서 범하는 판단착오나 실수를 가리킨다는 것이 일반적인 해석이다. 다시 말해 주인공이 '동정심과 두려움을 유발하는 사건' 속에 말려든 상황 자체가 불행을 초래하는 것이다. 따라서 그런 인물이 비극적 파멸의 운명에 속수무책으로 내맡겨지는 것보다는 상황에 대한 올바른 통찰을 통해 상황의 구속을 극복하고 '화해'에 도달해야 온당하다는 것이 괴테의 논지이다. 괴테가 비극의 카타르시스를 '화해적 완결성'으로 파악하는 것은 신들의 초월적인 힘이나 맹목적인 운명의 힘에 굴복하는 운명극의 인간상을 지양하고, 어디까지나 보편적 인간조건 속에서 비극의 구성요소를 찾아야 한다고 보는 탈신화적 인본주의 정신의 발로라 하겠다.

괴테는 인간의 도덕심에 호소하는 것은 예술의 본령이 아니고 그런 윤리적 효과는 철학과 종교에서나 가능하며, 예술에서는 그저 '우연히' 그런 효과를 기대할 수 있을 뿐이라고 말한다. 철학과 종교의 담론이 추구하는 윤리적 교화 기능을 예술의 목적으로 미리 전제해서는 안 되며 예술에서 윤리적 교화 기능은 어디까지나 부차적이라는 것이다. 그런데 괴테가 이 글을 쓴 1820년대 후반은 후기 낭만주의자들이 중세 복고를 주창하던 시기임을 상기하면 여기서 괴테가 '종교'를 언급한 것은 특별한 의미를 갖는다. 이와 관련하여 바로 전 해에 괴테가 『예술과 고대문화』에 발표한 「그리스도의 계시를 받은 형제로서의 플라톤」(1826)을 참조할 필요가 있다. 괴테가 이 글을 쓰게 된 직접적인 계기는 고전학자 슈톨베르크(Stolberg)가 『플라톤 대화록 선집』(1796)을 번역 출간하면서 이 책의 서문에서 플라톤도 '기독교의 세례를 받은' 철학자인 것처럼 호도하는 시대착오적인 억지 주장을 폈기 때문이다. 여기서 괴테가 길게 언급하는 대상은 플라톤의 「이온」(Ion)이다. 이온은 플라톤 당대에 서사시 낭송자로 유명세를 탔고, 그래서 마치 대단한 시인인 양 행세했던 인물이다. 플라톤은 「이온」에서 이온이 뛰어난 언변으로 대중의 인기를 사로잡지만 정작

예술에 관한 식견은 없는 인물이라는 것을 시종일관 반어조로 비꼬고 있다.

그런데 슈톨베르크는 플라톤의 말이 야유인지 진담인지 분간조차 하지 못하고 플라톤이 이온을 골탕 먹이기 위해 신을 언급하는 대목을 '신의 계시'라고 견강부회하고 있다고 괴테는 비판한다. 플라톤의 대화록에서 이온은 자기가 '야전사령관'의 자질을 갖추었노라고 자부하는데, 괴테는 이를 가리켜 "호메로스의 영웅들과 함께 지내는 동안 생긴 망상"(『문학론』, 51면)이라 꼬집는다. 다시 말해 호메로스의 작품에 등장하는 영웅들의 배역을 맡아 낭송을 하다 보니 자기가 마치 그런 영웅이라도 된 듯한 망상에 빠졌다는 것이다. 그런 이온을 청중이 대단한 시인인 양 떠받들었다는 사실을 감안하면 청중들에게도 그런 망상이 널리 유포되었을 거라는 유추가 가능하다. 알다시피 고대 그리스에서 비극은 수천 명이 청중으로 참여하는 집단적인 민족 축제의 일환으로서 비극 경연대회의 형식으로 공연되었다. 고대 그리스에서 비극의 집단적 파급력은 서사시의 그것에 비해 훨씬 더 막강했던 것이다. 그런 맥락을 고려하면 비극 작가가 청중에 대한 영향력을 최우선의 목적으로 앞세울 경우 비극은 집단 이데올로기를 선전하는 도구로 전락할 수밖에 없을 것이다. 짐작건대 괴테가 일관되게 비극의 '효과'를 부차적인 기능으로 보려 하고 비판적 거리를 두었던 이유는 여기에 있을 것이다.

이와 비슷한 맥락에서 비극의 '효과'를 우선시할 경우 비극 작가가 대중의 취향에 끌려갈 위험이 따르게 마련이다. 『프로필레엔』 창간 서문에서 괴테가 다음과 같이 경고한 것은 비극의 '효과'에 연연하는 비극 작가에도 그대로 해당될 것이다.

> 물론 청중은 갈채 또는 돈의 대가로 자신들의 마음에 드는 작품, 곧바로 즐길 수 있는 작품을 요구함으로써 예술에 커다란 영향을 미친다. 그리고 예술가는 대개 기꺼이 청중의 취향에 순응할 것이다. 예술가 역시 청중의 일부이기 때문이다. 예술가도 청중과 같은 해, 같은 날에 성장했고, 청중과 같은 욕구를 느낀다. 그도 같은 방향으로 휩쓸리고, 한편으로 그를 떠받쳐주고 다른 한편 그 자신이 생기를 불어넣어주는 대중과 함께 행복하게 움직인다.(『예술론』, 60면)

이처럼 예술가가 대중의 취향에 영합할 때는 자신의 미적 감각이 일면적이지 않은지, 자신의 예술이 퇴보하고 잘못된 방향으로 가고 있지는 않은지 추호도 의심하지 않고 대중과 마찬가지로 자의적으로 생각하고 느끼고 즐기려 한다고 괴테는 비판한다. 괴테가 막연한 불안 상태를 즐기고 탐닉하는 '젊은이들'의 취향에 영합하는 '비극'의 부정적 효과를 언급하는 것도 그런 맥락에서 이해될 수 있다.

> 비극과 비극적 소설은 결코 정신을 진정시키는 것이 아니라 사람의 정서와 마음을 불안하게 하고 딱히 무어라 규정할 수 없는 막연한 상태에 빠져들게 한다. 바로 이런 상태를 젊은이들은 좋아하며, 그래서 젊은이들은 그런 작품에 격렬하게 마음이 끌린다.(『문학론』, 216면)

마지막으로 괴테가 비극의 카타르시스를 '화해적 완결'로 이해하는 것은 프랑스 대혁명 이후 괴테가 일관되게 견지했던 정치적 신념과 무관하지 않다. 괴테는 프랑스 대혁명 이후 폭력을 동반하는 정치혁명에는 일관되게 반대 입장을 취했다. 비극의 갈등이 서로 적대하는 힘들의 충돌과 파국으로 치달아서 어느 한쪽이 파멸하는 상황은 역사의 드라마에서 적대적 세력들 사이의 폭력적 투쟁에 비견될 수 있다. 그렇게 보면 비극의 갈등이 격렬한 감정의 정화를 통해 화해적 완결로 마무리되어야 한다는 요청은 역사의 드라마에서 서로 갈등관계에 있는 세력들이 무력충돌을 피하고 화해에 도달해야 한다는 정치적 요청을 함축하는 것이라 볼 수도 있다.

3. 쉴러의 비극론

1790년대 초반부터 쉴러는 비극의 장르적 특성에 관해 집중적으로 탐구했고, 그 결과를 「비극적 대상이 유발하는 쾌감의 근거에 대하여」(1792), 「비극예술에 대하여」(1792), 「숭고에 대하여」(1793), 「파토스에 대하여」(1793~96년 집필, 1801년 발표) 등의 글로 발표하였다. 여기서는 글의 발표 순서대로 쉴러의 비극론을 개관해보고자 한다.

(1) 비극적 쾌감의 근거

「비극적 대상이 유발하는 쾌감의 근거에 대하여」 도입부에서 쉴러는 먼저 예술작품이 유발하는 심미적 쾌감을 '자유로운 쾌감'(Freies Vergnügen)이라 일컫고, 물리적·감각적 요인에 의해 야기되는 물리적 쾌감이나 감각적 쾌감과 구별한다. 쉴러가 말하는 '자유로운 쾌감'은 인간의 정신력과 이성과 상상력에 작용하는 쾌감이다.

더 구체적으로 비극에서 관객이 얻는 쾌감과 관련하여 핵심적인 문제는 비극 주인공의 불행과 고통이 관객에게 쾌감을 유발할 수 있는 근거는 무엇인가 하는 점이다. 모든 인간 행위의 목적은 고통을 멀리하는 것이므로 비극이 고통 받는 인간을 묘사하는 것은 그런 목적에 어긋나는 것처럼 보인다. 하지만 비극은 인간이 고통 속에서도 윤리적 척도를 견지할 수 있다는 것을 보여주기 때문에 정신적 감동과 쾌감을 선사한다. 여기서 쉴러는 인간이 감각적 본성으로는 감당하기 힘든 고통을 극복하는 정신적 힘을 '숭고'(das Erhabene)라는 범주로 설명한다.

> 숭고의 감정은 한편으로 어떤 대상을 감당하지 못하는 우리 인간의 무력감과 한계의식에서 유래하며, 다른 한편으로는 어떤 한계도 두려워하지 않는 우월감에서 유래하는데, 우리의 감각적 능력을 굴복시키는 대상을 정신적으로 제압하는 것이다.(NA 20, 137)

비극 주인공이 겪는 엄청난 고통은 감각적 존재인 인간에게는 무력감과 한계의식을 유발하지만 이성적 존재로서는 그런 고통에 굴복하지 않고 윤리적 자유를 추구한다는 것이다. 따라서 숭고의 감정은 인간존재의 근원적 이중성, 즉 감각성과 정신성에 바탕을 두는 혼합된 감정이다. 그리고 감각적 존재인 인간이 겪는 고통이 크면 클수록 그것을 극복하는 인간정신의 위대함은 그만큼 더 돋보이게 되므로 비극 주인공이 겪는 고통은 그의 정신적 숭고함을 표현하기 위한 전제조건이 된다.

쉴러는 비극이 유발하는 쾌감을 두 가지 유형으로 구별한다. 첫째는 도덕적 자유를 위해 자연적 욕구를 포기하는 경우이고, 둘째는 더 높은 도덕적 가치를 위해 상대적으로 부차적인 도덕적 가치를 포기하는 경우이다.

첫 번째 경우에 속하는 사례로 쉴러는 셰익스피어의 비극 『코리올라누스』(Coriolanus)의 주인공 코리올라누스를 언급한다. 코리올라누스는 집정관의 권좌를 포기하고 로마를 떠남으로써 파멸과 죽음의 길로 들어서지만, 로마 공민의 도덕적 의무를 다하기 위해 자신의 파멸을 선택하는 그의 행위는 숭고한 감동을 준다는 것이다.

두 번째 경우는 대개 도덕적 딜레마 상황으로 나타나는데, 쉴러는 플루타르크 영웅전에 나오는 고린도 출신의 티몰레온(Timoleon)을 그 사례로 언급한다. 티몰레온은 독재를 혐오했기 때문에 혼자 권좌에 오르려는 형을 살해한 것으로 전해진다. 쉴러에 따르면 사랑하는 형을 죽인 행위는 경악을 불러일으키지만, 그런 경악은 공화국의 질서를 더 중시한 티몰레온의 '영웅적 덕목에 대한 지고의 존중심'으로 전환되어 윤리적 만족감을 준다는 것이다.

(2) 주인공의 고통에 대한 공감

「비극예술에 대하여」에서는 비극의 주인공이 겪는 고통이 관객에게 불러일으키는 '공감'에 관해 집중적으로 다루고 있다. 비극은 인간의 감각적 본성과 윤리적 본성에 동시에 호소한다. 따라서 비극의 호소력을 극대화할 수 있는 이상적인 주인공은 고통과 불행에 대한 예민한 감수성을 지닌 동시에 그런 고통에 저항할 수 있는 윤리적 원칙을 충실히 추구하는 인물이다. 어떤 외적 고통에도 아랑곳 하지 않고 고통에 둔감한 '순교자' 유형이나 그 반대로 고통에 너무 쉽게 굴복하는 유약한 성격은 비극의 주인공으로 적합하지 않다.

쉴러는 영향미학의 관점에서 비극 주인공의 고통에 대한 공감을 고조시키는 효과에 대하여 네 가지 측면으로 나누어서 설명한다.

첫째, 극적 사건이 생동감이 넘칠수록 관객의 감수성과 윤리의식은 더 많은 자극을 받는다. 서사 장르와는 달리 드라마에서는 관객이 곧 사건의 '증인'으로 참여하기 때문에 상상력과 감수성은 더 강하게 활성화된다.

둘째, 관객과 고통 받는 주인공 사이의 유사성이 전제될 때 비소로 비극 주인공의 고통에 대한 공감은 고조된다. 그러한 유사성에 힘입어 관객은 비극 주인공의 운명을 곧 자신의 운명으로 공감할 수 있는 것이다.

셋째, 극적 사건이 그 자체로 완결성을 지녀야만 관객의 공감을 유발할 수 있다. 개별적인 극적 사건들이 필연적 인과관계로 엮어져서 하나의 유기적 전체를 이루고 관객의 감수성과 상상력에 직접적으로 호소할 때 극중 인물의 운명에 대한 공감이 고조된다.

넷째, 관객의 감동을 고조시키기 위해서는 비극 주인공의 고통이 관객의 마음을 사로잡는 지속적인 효과를 발휘해야 한다. 관객은 비극 주인공의 과도한 고통을 회피할 수도 있기 때문에 지속적으로 극중 몰입을 가능하게 하는 장치가 확보되어야 한다는 뜻이다.

이상의 논의를 종합하여 쉴러는 비극을 다음과 같이 정의한다.

> 비극은 따라서 서로 연결되는 (하나의 완벽한 줄거리를 보여주는) 일련의 사건들의 문학적 모방이라 할 수 있으며, 이를 통해 우리에게 고통에 처해 있는 인간을 보여주면서 우리의 공감을 불러일으키는 것을 추구한다.(NA 20, 164)

여기서 '모방' 개념은 서사 장르가 지나간 사건을 묘사하는 것과 달리 극적 사건이 생생한 현재형으로 무대 위에서 펼쳐짐으로써 우리의 상상력에 호소한다는 의미를 갖는다. '일련의 사건들'의 모방이라는 것은 단지 등장인물들의 '감정'이나 '생각'을 전달하는 것이 아니라, 감정과 생각의 결과로 전개되는 '사건들'을 재현한다는 말이다. '완벽한 줄거리'을 보여주어야 하는 이유는 개별적으로 흩어져 있는 사건들은 그 자체가 아무리 슬퍼도 한 편의 비극을 구성하지 못하기 때문이다. 인과관계로 얽혀 있는 사건들이 내적 필연성에 따라 전개되고 통일된 완결성을 지닐 때만 비로소 비극이 성립되는 것이다. 그리고 '문학적' 모방을 강조하는 것은 비극이 단지 실제로 있었던 역사적 사건을 재현하는 것이 아니라 문학적 허구임을 말하려는 것이다. 쉴러는 특히 역사극을 주로 집필했기 때문에 역사적 소재를 드라마로 각색할 때의 문제의식이 담긴 것이라 할 수 있다. 마지막으로 비극이 '고통에 처해 있는 인간'을 보여준다는 것은 감각적 존재인 동시에 도덕적 존재인 인간이 겪는 고통이 관객의 감성과 윤리의식에 호소하여 공감을 불러일으킬 수 있음을 거듭 강조하는 것이다. 결론적으로 쉴러는 비극이 추구하는 궁극 목표가 비극 주인공의 고통에 대한 공감을 유발하는 것임을 다시 강조한다.

아리스토텔레스의 비극론에서는 비극의 효과를 '연민'과 '두려움' 등의 격정을 통해 감정을 정화하는 효과로 정의하고 있다. 이와 비교하면 쉴러의 비극론에서는 '두려움'의 감정이 별도로 언급되지 않는 차이가 있음을 알 수 있다. 쉴러가 말하는 문맥을 자세히 읽어보면 비극의 주인공이 겪는 고통(Leiden)에 대한 공감(Mitleid)이라 서술하고 있으므로 '고통'의 개념 속에 '두려움'까지 내포되어 있다고 할 수 있다. 다른 한편 고대 비극에서 주인공이 겪는 고통이나 불행은 대개 인간의 능력으로는 감당할 수 없는—그래서 대개는 신의 개입을 통해서만 모면할 수 있는—'천벌'이나 '천형'에 해당되므로 아리스토텔레스의 비극론에서는 '두려움'이 별도로 강조되었다고 볼 수도 있다. 그 반면 쉴러의 비극론에서는 주인공이 극한의 고통조차도 감당할 수 있는 인간의 자율성과 윤리적 자유를 강조하므로 굳이 '두려움'을 별도로 부각시키지 않은 것이라 할 수 있다.

(3) 파토스와 숭고

쉴러가 「숭고에 대하여」와 「파토스에 대하여」에서 개진하는 숭고와 파토스 개념은 이상에서 살펴본 비극론을 더욱 심화하는 중요한 역할을 한다. 이미 언급한 대로 비극의 효과를 높이기 위해서는 감각적 존재인 인간의 '고통에 대한 감각적 묘사'와 '고통에 대한 도덕적 저항의 묘사'를 결합해야 한다. 쉴러는 인간의 윤리의식과 자유를 위협할 정도로 격렬한 고통의 감정을 파토스(Pathos)라 일컫는다. 그런 고통에 맞서는 정신적 능력을 나타내는 숭고(das Erhabene)는 칸트의 미학에서 미(das Schöne)와 구별된다. 칸트에 따르면 미는 감성과 이성의 조화로 성립되고, 그 반면 숭고는 감성과 이성의 긴장관계에 의해 성립된다. 예컨대 숭고가 자연미에 적용될 때는 인간의 감각으로는 파악할 수 없는 자연의 무한성이나 압도적 위력을 숭고한 대상이라 일컫는데, 인간의 이성은 그런 무한성을 인식의 목표로 추구할 수 있지만 인간의 감성은 그런 무한성 앞에 무기력을 느끼므로 감성과 이성 사이에 긴장관계가 형성되는 것이다. 이미 살펴본 대로 쉴러가 「비극적 대상에서 쾌감을 얻는 근거에 대하여」에서 비극과 관련하여 숭고 개념을 비극 주인공의 엄청난 고통 앞에서 감각적으로 느끼는 무기력과 한계의식, 그리고 그 고통을 극복하는 정신력의 두 가지 측면으로 규정했던 것도 감성과 이성의 개념쌍으로 숭고를 파악하고 있음을 보여준다.

쉴러는 비극과 관련하여 숭고를 두 가지 모델로 나누는데, 첫째 외부로부터 가해지는 고통을 제어하려는 주인공의 수동적 저항정신, 둘째 윤리적 자유의 법칙으로 고통에 맞서는 행위가 그것이다. 그리고 두 번째 모델이 비극에서 효과적으로 활용될 수 있는 형식으로 쉴러는 윤리의식이 투철한 주인공이 일시적으로 윤리적 의무를 위반함으로써 정신적 고통을 겪고, 그런 고통이 다시 보편적 윤리법칙의 필연성을 일깨우는 방식으로 더 강하게 관객의 상상력을 자극한다는 시나리오를 제시한다. 여기서 이전까지의 비극론과 구별되는 중요한 차이는 비극에서의 숭고함이 발휘하는 심미적 효과를 인간의 '이성적 능력'이 아니라 '상상력'에서 도출하고 있다는 점이다.

> 심성과 행위의 숭고함이 우리의 마음을 사로잡는 심미적 힘은 올바르게 행동해야 한다는 이성의 관심에서 유래하는 것이 아니라 올바른 행위가 가능하다는—다시 말해 아무리 강력한 감정도 마음의 자유를 억압할 수 없다는—상상력의 관심에서 유래한다.(NA 20, 220)

만약 비극 주인공의 숭고함이 불러일으키는 심미적 효과를 올바르게 행동해야 한다는 이성적 당위에서 찾는다면 미적 효과는 도덕적 의무에 종속되어 관객의 정서적 공감은 반감될 것이다. 그래서 쉴러는 이성적 당위 대신에 '마음의 자유' 즉 자율성을 상상력과 연결시켜서 비극적 숭고의 심미적 효과를 설명하고 있는 것이다. 또한 비극 주인공이 겪는 고통은 무엇보다 인간존재의 감각성을 압박하는 것이므로 이성적 당위를 숭고의 근거로 내세울 때는 이성에 의한 감성의 극복이라는 단순도식에 빠질 위험이 따르는 것이다.

인간학적 관점에서 보면 비극 주인공에게 가해지는 극한의 고통(파토스)에 대한 공감능력의 함양을 통해 고통을 견디고 극복하는 능력을 단련시키는 것이 곧 비극의 궁극 목표라 할 수 있다. 그러한 미적 교육의 효과를 쉴러는 다음과 같이 서술하고 있다.

> 인간의 정신이 자율적 활동을 거듭할수록 정신은 더욱 단련되고 감각적 충동을 뛰어넘게 된다. 상상 속의 불행이 현실적인 불행으로 닥치는 경우에도 그 불행을 마치 상상 속의 불행처럼 다룰 수 있게 되며, 현실적인 고통을 숭고한 감동으로 해소시켜서 인간본성의 지고한 비약을 경험하는 것이다. 따라서 격정적 고통(파토스)은 불가피한 운명을 접종하는 것에 비견될 수 있다. 그런 고통의 접종을 통해 고통의 사악함이 제거되고 그 고통의 공격은 인간의 강인한 측면으로 향하게 되는 것이다.(NA 21, 51)

요컨대 비극 주인공이 경험하는 격정적 고통은 관객이 현실에서 겪을 수 있는 유사한 고통에 대한 면역력을 길러 주는 일종의 '예방접종'인 셈이다.

IV.

고대 장르의 계승과 혁신:
서사시와 드라마

1. 머리말

괴테는 1786년 9월부터 1788년 4월까지 이탈리아에서 체류하고 돌아온 이후 1790년대 중반부터 쉴러와 긴밀한 공동 작업을 시작했다. 가령 괴테가 1796년에 탈고한 『빌헬름 마이스터의 수업시대』 집필 과정에서 쉴러는 초고에 대한 곡진한 논평을 통해 생산적인 자극을 주었다. 괴테가 1797년 12월에 탈고한 「서사문학과 극문학에 관하여」라는 글 역시 두 사람의 긴밀한 공동 작업이 생산적 결실을 거둔 대표적 사례의 하나이다. 1797년 4월 괴테와 쉴러는 서사시와 드라마의 장르적 특성에 관해 서신교환을 통해 집중적인 토론을 하며, 그 논의 결과를 정리하여 괴테가 「서사문학과 극문학에 관하여」를 집필했던 것이다. 알다시피 서사시와 드라마는 고대 그리스 문학의 대표적 장르이다. 따라서 서사시와 드라마에 관한 두 사람의 논의는 고대 그리스 당시의 서사시와 드라마(특히 비극)를 18세기 말의 근대적 상황에서 어떻게 창조적으로 계승할 것인가 하는 문제와 직결된다.

다른 한편 괴테가 서사시와 드라마의 장르 구분에 관해 고민했던 중요한 이유는 괴테 당대의 문학과 예술에서 장르의 구별이 흐려지고 뒤섞이는 현상이 두드러졌기 때문이다. 가령 괴테가 창간한 예술비평지 『프로필레엔』 서문(1798)에서 괴테는 "예술 쇠퇴의 가장 두드러진 징조 중 하나는 여러 종류의 예술들의 혼합이다."(『예술론』, 61)라며 장르의 혼합 현상을 신랄하게 비판한다. 그리고 서사문학과 극문학에 관해 쉴러와 주고받은 편지에서도 괴테는 장르의 자의적 혼합에 깊은 우려를 표명한다. 예컨대 좋은 소설이 한 편 나오면 금세 그 작품을 희곡으로 각색해서 연극 무대에 올리는 것이 시대적 유행이 되었으며, 그로 인해 조악한 드라마가 양산되고 있다고 개탄한다. 사실 그런 풍조는 지금은 아주 일반화된 현상이다. 성공한 소설 작품을 연극이나 TV 드라마 또는 영화로 리메이크하는 것은 전혀 이례적인 현상이 아닌 것이다. 그렇지만 고대 그리스 예술과 문학을 고전적 전범으로 삼았던 괴테의 입장에서는 각 장르의 고유한 규범을 무시하고 자의적으로 장르를 뒤섞는 새로운 시대 풍조가 예술적 쇠락 현상으로 간주되었던 것이다.

그런데 괴테 자신도 자기 작품에서 고대의 장르 규범을 금과옥조처럼 그대로 따르지는 않는다. 다시 말해 고대 그리스 사회와는 판이한 새로운 근대적 상황에 걸맞게 해당 장르의 특성을 신축성 있게 변형하거나 다른 장르의 요소들을 적절히 차용하는 장르 혼합 현상이 눈에 띈다. 여기서는 괴테의 장편 서사시 『헤르만과 도로테아』(1797), 그리고 희곡 『타우리스의 이피게니에』(1786)를 구체적인 사례로 삼아 괴테가 고대 그리스의 대표적 장르인 서사시와 드라마를 어떻게 현대적 상황에 맞게 새롭게 창조했는가를 조명해보고자 한다. 괴테와 쉴러가 서사문학과 극문학에 관해 토론을 하던 당시 괴테는 『헤르만과 도로테아』를 막 탈고한 상태였고, 또 『타우리스의 이피게니에』는 고대 그리스의 극작가 에우리피데스가 동일한 소재를 취해서 같은 제목의 드라마로 남긴 선례가 있다. 따라서 두 작품은 서사문학과 극문학에 관한 괴테와 쉴러의 토론에서 유효한 참조가 되며, 실제로 두 사람은 토론과정에서 두 작품을 중요하게 언급하고 있다.

2. 서사문학과 극문학의 장르적 특성

우선 서사시와 드라마에 관한 괴테와 쉴러의 토론 내용을 괴테가 정리한 글의 기본요지를 간추려서 독자의 이해를 돕기 위해 각 항목의 취지를 부연 설명하기로 하겠다. (『문학론』, 53~57 참조)

1. 서사문학과 극문학은 문학의 보편적 법칙, 특히 통일의 법칙과 전개(Entfaltung)의 법칙을 따라야 한다.

아리스토텔레스가 드라마에서 '3통일의 법칙', 즉 '시간'과 '장소'와 '사건진행'(Handlung, 플롯)의 통일성을 강조한 것은 익히 알려져 있으므로 극문학이 통일의 법칙을 따라야 한다는 것은 딱히 새로운 요구가 아니다. 여기에다 '전개'의 법칙을 부연한 것은 극적 사건이 일정한 시공간 안에서 작품의 결말을 향해 짜임새 있게 펼쳐져야 한다는 뜻이므로 이미 '통일'의 법칙에 함축된 요구사항이다.

그런데 서사문학도 드라마에서와 마찬가지로 통일의 법칙을 따라야 한다는 주장은 서사시에 관한 괴테 당대의 논쟁적 맥락과 관련되어 있으므로 그 의미를 좀 더 구체적으로 살펴볼 필요가 있다. 낭만주의 이론가 아우구스트 슐레겔(A. W. Schlegel)은 「호메로스의 서사시에 대하여」

(1796)라는 글에서 서사시는 드라마와 달리 통일성을 필요로 하지 않는다고 주장했다. 그러자 괴테는 쉴러에게 보낸 편지에서[1] 서사시가 드라마의 '절대적 통일성'을 따르지는 않는다고 해서 아예 통일성을 따를 필요도 없다는 슐레겔의 주장은 서사시가 '시'의 기본요건을 충족시킬 필요도 없다는 주장과 다름없는 어불성설이라고 일축했다. 요컨대 서사시에도 일정하게 통일성이 요구된다는 것이다. 이에 대해 쉴러는 서사시의 각 부분들은 상대적 '자립성'을 가지며, 그 반면 드라마의 사건진행에서 각 부분들은 선후의 '인과관계'로 더욱 긴밀하게 연결되어 있다는 견해를 제시했다. 드라마의 각 부분이 '인과관계'로 연결된다는 것은 단적으로 말해 주인공이 저지르는 '과오'가 '비극적 결말'을 초래하는 화근이 된다는 뜻으로 이해될 수 있다.

그에 비해 서사시의 각 부분이 상대적 '자립성'을 갖는다는 말은 가령 호메로스의 『오디세이』에서 주인공이 머나먼 귀향의 도정에서 겪는 다양한 모험적 사건들이 제각기 독립된 모험담의 성격을 띤다는 의미로 이해할 수 있다. 예컨대 『오디세이』 제11권 '저승' 편에서 주인공은 저승의 신 하데스의 세계로 내려가서 트로이 전쟁에서 전사한 아킬레우스, 그리고 무사히 귀향했으나 독부(毒婦)에 의해 살해된 그리스 군 사령관 아가멤논 등 참전 영웅들의 혼령과

1) Der Briefwechsel zwischen Schiller und Goethe, Bd. I, Leipzig 1984, 332.(1797년 4월 28일자 편지)

대화를 나눈다. 이들에 관한 이야기는 트로이 전쟁에서 전사한 영웅들의 운명을 청중들에게 요약해서 들려주는 한편의 완결된 이야기로 삽입된 것이다. 다시 말해 이들과의 만남이 향후 오디세이의 운명에 어떤 결정적 요인으로 작용하지는 않는다.

그렇다면 이러한 '저승' 행차는 오디세이의 운명과는 전혀 무관한 동떨어진 이야기인가? 그렇지 않다. 괴테가 명시적으로 언급하지는 않지만 '저승' 이야기는 오디세이의 향후 여정과 긴밀하게 연관된 중요한 모티프로 연결되어 있다. 예컨대 아가멤논은 오디세이에게 여자들을 믿지 말고 고향 땅에 당도할 때는 신원을 숨기고 거지 차림으로 몰래 잠입하라고 충고한다. 오디세이 자신은 아직 모르고 있는 상황이지만, 고향에 있는 그의 부인 페넬로페는 용맹스러운 청년들의 구혼 압박에 시달리는 고립무원의 처지이다. 그리고 구혼자들은 혹시라도 오디세이가 귀향하면 그를 제거하기 위해 벼르고 있다. 따라서 아가멤논의 충고는 오디세이의 무사귀환을 위해 요긴한 지침이 되며, 실제로 오디세이는 그의 충고에 따라 신원을 숨기고 잠입함으로써 구혼자들을 일거에 제압한다. 또한 간부(姦夫)와 결탁하여 남편을 살해한 아가멤논의 아내와 달리 구혼자들의 온갖 압박에도 불구하고 오디세이의 아내 페넬로페는 끝까지 정절을 지킨다. 아가멤논과 오디세이의 운명을 갈라놓는 그런 대비효과의 측면에서도 '저승' 편 이야기는 작품 전체의 통일성을 담보하는 유기적 요소이다. 이렇게 보면 서사시 역시 통일성을 따라야 한다는 괴테의 주장이 작품의 실상에 부합되며, 쉴러가 말한 각 부분들의 상대적 자립성은 드라마의 '절대적 통일성'과 서사시의 상대적 통일성을 구분해주는 특성으로 이해할 필요가 있겠다.

2. 서사시와 드라마는 비슷한 대상을 다루며, 또한 모든 종류의 모티프들을 사용할 수 있다.

다시 말해 서사시와 드라마의 소재와 모티프 자체는 동일할 수 있다는 뜻이다. 괴테는 『오디세이』에도 비극적 소재가 넘쳐난다고 말하는데, 비극적 소재도 어떤 형식으로 담아내는가에 따라 얼마든지 서사시로 탄생할 수 있다는 것이다. 실제로 『오디세이』는 마지막 결말부까지도 비극적 갈등의 요소를 내포하고 있다. 제22권에서 오디세이는 구혼자들을 모조리 죽이고, 이어서 제23권에서 페넬로페가 '시험'을 거쳐서 오디세이를 알아보고 두 사람은 행복한 해후를 한다. 『오디세이』는 여기서 끝날 수도 있을 것이다. 그런데 다시 이어지는 마지막 제24권 '저승 속편'에서는 오디세이에 의해 죽임을 당한 구혼자들의 혼백이 등장하여 자신들이 '돼지 떼'처럼 무참히 도륙당한 억울함을 하소연한다. 이어서 그들의 아버지들이 등장하여 죽은 아들들의 원수를 갚겠다고 나서는데, 오디세이 역시 사기충천하여 일전을 불사한다. 이 일촉즉발의 위기상황에서 아테네 여신이 나타나서 이제 전쟁을 끝내고 화평하라고 고지함으로써 마침내 양측이 화평의 맹약을 맺고 비극적 갈등은 화해의 서사로 마무리가 된다.

여기서 아테네 여신의 개입은 고대 그리스 서사시와 드라마에서 이러한 대반전을 가져오는 신들의 역할을 신들이 사라진 시대인 괴테 당대의 서사시와 드라마에서 과연 어떻게 대체할 것인가 하는 어려운 숙제를 남긴다. 그리고 위에서 언급한 '모든 종류의 모티프들'에 관해서는 뒤에서 다시 설명된다.

3. 서사시와 드라마의 본질적 차이는 서사 시인이 사건을 '완전히 과거의 것'으로 낭송하는 반면 극 시인은 '완전히 현재의 것'으로 표현한다는 점이다.

서사시는 주인공이 겪은 이야기를 음송자(吟誦者, Rhapsode)가 청중들에게 들려주는 형식으로 전달되며, 따라서 이미 지나간 과거의 사건이 재현되는 서술형식을 취한다. 따라서 서사시에서는 음송자, 즉 화자를 통해 청중이 작중 사건에 대해 '서사적 거리'를 확보해서 차분히 경청할 수 있다. 그리고 음송자나 작중 인물의 암시적 발언 또는 신들의 개입에 의해 청중은 사건의 결말을 어느 정도 예측할 수 있다. 가령 앞에서 언급한 아가멤논의 충고는 오디세이의 무사귀환을 암시하는 역할을 한다. 그러나 괴테 시대에는 고대 그리스 서사시가 전제했던 전문적인 음송자나 직업 가인(歌人)은 소멸했고, 서사시 음송을 듣기 위해 운집한 집단적 청중도 사라졌다. 서사시의 수용 조건의 이러한 차이는 괴테의 『헤르만과 도로테아』 이후 19세기를 거치면서 서사시 장르의 쇠퇴와 소멸을 촉진하는 요인이 된다.

그 반면에 드라마는 연기자가 현재진행형으로 전개되는 사건 속에 인물로 등장하여 자신에게 주어진 역할을 수행한다. 주인공은 장차 자신에게 어떤 운명이 닥칠지 모르는 채 극적 갈등에 빠져들고, 관객 역시 주인공이 아는 것 이상을 알지 못하는 상태에서 조마조마한 마음으로 극중 사건에 몰입하게 된다.

서술방식의 이러한 차이에 따라 각 장르가 '주로' 선택하는 소재와 모티프가 달라지게 마련이다. 괴테는 '주로'라는 단서를 달아서 서술방식의 차이가 소재와 모티프 선택의 배타적 요인은 아니라는 점을 강조한다.

4. 서사시와 비극의 '대상'은 순수하게 인간적인 것, 의미심장한 것, 비장한 것이어야 한다. 따라서 작중 인물들은 주체의 활동이 오로지 자기 자신에 의존하고, 인간의 활동 역시 도덕적, 정치적, 기계적으로 영위되는 것이 아니라 아직 개인적 활동에 크게 의존하고 있는 그런 문화의 단계에 처해 있는 것이 가장 이상적이다.

그런 의미에서 고대 그리스 영웅시대의 전설들은 서사시와 비극의 시인들에게 유리한 대상이다.

서사시와 비극의 공통된 제재로 '순수하게 인간적인 것'을 강조하는 것은 종교적 · 신화적 도그마나 정치적 당파성 따위에 휘둘리지 말아야 한다는 것이며, 순수한 보편인간적 가치를 추구해야 한다는 인본주의적 이념과도 직결된다. 그러기 위해서는 작중 인물들의 행위가 자신의 의지와 판단에 의거하는 '자율성'을 확보해야 한다. 그렇지만 근대 시민사회와 국가는 '도덕적, 정치적, 기계적' 체계에 의해 그 구성원들을 제약하기 때문에 그런 근대적 삶의 조건에서는 서사시와 비극 주인공들의 자율성이 저해된다. 그 반면 '자유로운 개인들'의 영웅적 활약상이 펼쳐지는 고대 그리스 영웅시대의 전설들은 서사시와 비극에 유리한 제재를 제공했다는 것이다. 여기서도 근대적 삶의 조건에서 서사시와 비극이 어떻게 변형되어야 하는가 하는 문제가 제기됨을 알 수 있다.

5. 서사시는 주로 개인적으로 제한된 활동을 표현하고, 비극은 개인적으로 제한된 고뇌를 표현한다. 서사시는 '외부를 향해 활동하는' 인간, 즉 전투, 여행, 또는 일정한 감각적인 폭을 요하는 모든 종류의 기획을 묘사한다. 반면에 비극은 '내면을 향해 인도되고 있는'

인간을 묘사한다. 따라서 진정한 비극의 사건 진행은 좁은 공간만을 필요로 한다.

서사시가 '외부를 향해 활동하는' 인간상을 그린다는 것은 오디세이의 모험담에서 익히 확인할 수 있다. 그 반면에 비극이 '내면을 향해 인도되는' 인간상을 묘사한다는 것은 외부세계로부터 가해지는 운명의 압박을 이겨내고 내면적 성숙과 깨달음에 도달해야 한다는 요청으로 이해할 수 있다. 그렇지만 고대 그리스의 비극은 운명의 불가항력적 압박에 굴복하는 파멸로 귀결되는 경우도 허다하다. 이미 살펴본 대로 괴테는 아리스토텔레스 비극론의 핵심을 비극적 파국이 아니라 '화해적 완결'로 파악한다. 그와 같은 맥락에서 괴테는 자신이 생각하는 비극의 이상으로 '내면적 성숙'의 과정을 강조하는 것이라 할 수 있다.

6. 서사시와 비극에서는 다섯 종류의 모티프가 사용된다.
   1) 전진의 모티프: 사건 진행을 촉진하는 모티프로, 주로 드라마에서 사용된다.
   2) 후퇴의 모티프: 사건 진행을 최종목표로부터 멀리 떼어놓는 모티프로, 거의 전적으로 서사시에서만 사용된다.
   3) 지연의 모티프: 사건진행을 늦추거나 도정을 연장하는 모티프로, 서사시와 희곡에서 매우 효과적

으로 활용될 수 있다.

4) 회고의 모티프: 작품의 시간 이전에 일어난 사건을 끌어들인다.

5) 예견의 모티프: 작품의 시간 이후에 일어날 일을 예견한다. 회고와 예상의 모티프는 서사시와 드라마에서 작품을 완전하게 만들기 위해 필요하다.

여기서 괴테는 '모티프' 개념을 사건진행(Handlung)의 앞뒤를 연결해주는 유기적 요소들의 상호연관성 및 그 서술방식이라는 복합적 의미로 사용하고 있다.

1) 이미 언급한 대로 드라마는 '현재 진행 중인' 사건을 제시하면서 그런 사건들의 '인과적' 연결을 통해 결말을 향해 나아가므로 '전진의 모티프'는 주로 드라마에서 사용된다. 그렇지만 서사시 역시 어떤 사건의 전개를 보여주어야 하기 때문에 전진의 모티프를 활용할 수 있다.

2) 서사시의 각 부분들은 상대적 자립성을 가지므로 최종 결말에 도달하기 전에 다양한 우회로를 경유할 수 있고, 그래야만 청중에게 다채로운 흥미를 유발할 수 있다. 예컨대 오디세이가 칼립소의 동굴에 갇히거나 사이렌의 유혹을 받거나 '저승'에까지 내려가는 모험담들은 그의 최종 목표인 귀향을 방해하는 사건들이다. 그렇지만 오디세이의 지난한 귀향과정의 우여곡절을 보여주기 위해 효과적인 이야기들이다. 드라마에서 이런 '후퇴의 모티프'를 사용할 경우

극적 갈등과 긴장의 고리가 느슨해지거나 끊어지기 때문에 '거의 전적으로' 서사시에서만 사용하는 것이다.

3) '지연의 모티프'는 현재 상황에서 기대되는 바로 다음 상황으로 곧장 나아가지 않고 같은 상황을 더 연장시키거나, 현재 상황으로 보여주지 못한 다른 상황을 병치시키는 방식이다. 드라마의 경우에는 주인공과 그에 맞서는 인물 사이의 갈등과 긴장을 고조시키기 위해 팽팽한 대치상황을 지연시킬 수 있을 것이다. 가령 괴테의 『타우리스의 이피게니에』에서 토아스 왕과 오레스트가 결투 직전의 상황으로 대치해 있고, 여기에 이피게니에가 나서서 화해를 유도하는 장면이 그런 경우에 속한다. 그리고 서사시의 경우에는 괴테가 말한 대로 『오디세이』에는 디테일에 이르기까지 지연의 모티프를 즐겨 사용한다. 가령 오디세이가 구혼자들을 모두 죽인 이후 청중은 드디어 페넬로페가 오디세이를 알아보고 감격의 해후를 하기를 기대할 것이다. 그런데 그런 기대와 달리 오디세이의 바로 다음 행보는 마치 자기 집에서 결혼식을 올리는 것처럼 풍악을 울리라고 하인들에게 명하는 것이다. 다시 말해 마치 페넬로페가 구혼자들 중 한 사람과 결혼하는 것처럼 꾸며서 구혼자들의 떼죽음이 바깥으로 알려지지 않게 얼마간 시간을 버는 작전을 쓰는 것이다. 이로써 지연의 모티프는 '용의주도한 지략가' 오디세이의 면모를 여실히 보여주는 효과적인 수단으로 활용된다.

4) 서사시에서 '회고의 모티프'가 탁월하게 사용된 사례 역시 『오디세이』에서 찾아볼 수 있다. 페넬로페가 오디세이를 알아보는 장면, 그리고 오디세이의 아버지가 아들을 알아보는 장면이 그런 경우에 속한다. 오랜 세월 동안 구혼자들의 압박에 너무나 시달린 나머지 페넬로페는 어떤 남자도 믿지 않으며, 심지어 20년 만에 돌아온 오디세이를 알아보지 못한다. 그래서 오디세이를 시험하기 위해 페넬로페는 두 사람이 신혼 부부 시절에 오디세이가 지은 신방의 침대를 바깥으로 옮겨서 '손님' 오디세이에게 제공하라고 하인에게 명한다. 그러자 오디세이는 일찍이 '살아 있는 올리브 나무' 거목을 기둥으로 삼아서 신방을 지어 올렸고, 그 나무에 침대를 짜 맞추어 연결했기 때문에 아무리 천하장사라도 그 나무를 뽑지 않고서는 침대를 옮길 수 없노라고 답해서 페넬로페의 '시험'에 '합격'한다. 대지에 뿌리박은 살아 있는 나무를 기둥 삼아 신방을 지었다는 이 회고담은 두 사람의 결합이 세상의 그 어떤 시련도 갈라놓을 수 없는 것임을 생생한 감각적 형상으로 보여준다. 또한 '위장 결혼식'으로 시간을 벌어놓은 오디세이는 시골에서 농사를 지으며 은거하는 아버지 라에르테스를 찾아가는데, 아버지 역시 아들을 알아보지 못한다. 그러자 오디세이는 어릴 적에 아버지를 졸라 갖가지 포도 묘목을 구해서 장차 자기 몫으로 심어달라고 한 적이 있다며 포도나무의 종류와 몇 그루인지 그 숫자까지 정확히 기억해낸다.

나중에 『헤르만과 도로테아』를 다루면서 더 살펴보겠지만, 오디세이의 귀향의 절정에 해당되는 이 두 개의 회상 장면은 '영웅'서사시 『오디세이』가 '목가적' 서사시로 탈바꿈할 수 있는 중요한 암시를 던져준다. 트로이 전쟁을 치르고 온갖 죽을 고비를 넘겨서 20년 만에 귀향한 오디세이는 더 이상 전쟁 영웅이 아니라, 아내와 아들 그리고 아버지와 함께 대지에 뿌리내리고 전원을 가꾸며 소박하고 행복한 삶을 영위하기를 소망하는 것이다. 그런 점에서 『오디세이』는 영웅서사시의 정점이자 그 종언을 고하는 작품이다.

5) '예견의 모티프'는 대개 서사시와 드라마의 종결부에 위치한다. 『오디세이』 결말부에서 아테네 여신이 나타나서 화해의 맹약을 이끌어내는 것은 트로이를 폐허로 만들고 수많은 그리스 장정들을 죽음으로 내몰았던 전쟁을 다시 되풀이하지 말고 그리스의 여러 종족들이 평화롭게 지내라는 후세를 향한 메시지이다. 그리고 괴테의 『이피게니에』 결말부에서 토아스 왕이 오레스트와 이피게니에를 살려서 그리스로 보내주면서 '잘 가시오'(Lebe wohl)라고 작별 인사를 건네는 것 또한 이피게니에 가문에 누대의 저주로 이어져온 친족살해의 비극이 종식되고 화평한 가정을 이루라는 염원을 담고 있다.

괴테가 이러한 '예상'과 '회고'의 모티프를 '작품을 완전하게 만들기 위해' 필요하다고 한 것은 일차적으로 작품의 수미일관된 통일성과 완결성을 가리키는 것이라 할 수 있다. '회고'와 '예상'을 통해 작품의 '시작'과 '결말'이 서로 긴밀히 조응해야 완결성이 확보되기 때문이다. 그리고 작품의 완전성을 위해 필요하다고 하는 또 다른 맥락은 그렇게 완결된 작품세계가 후세에도 시간을 초월한 예술적 아름다움과 '순수한 인간성'의 구현으로 계속 읽혀져야 한다는 요청을 함축하는 것이다. 『오디세이』의 결말부에서 아테네 여신은 전쟁을 중단하고 화평하라고 고지했고 작중 인물들은 여신의 말에 따랐지만, 실제 역사에서 전쟁은 끝없이 재발했다. 그럼에도 불구하고 예술작품의 '완전성'은 그러한 역사현실의 역경을 극복하고 '순수한 인간성'을 부단히 탐색해야 한다는 것이다. 괴테의 서사시 『헤르만과 도로테아』(1797)와 희곡 『타우리스의 이피게니에』(1786)는 바로 그런 탐색을 보여주는 작품이다.

3. 시민적 서사시 『헤르만과 도로테아』

괴테는 서사문학과 극문학의 장르적 특성에 관해 쉴러와 논의하는 과정에서 자신이 막 탈고한 『헤르만과 도로테아』를 예로 들어 이 작품에 구현된 장르적 특성을 언급한 바 있는데, 그 핵심요지는 다음과 같다.

(1) 애초에는 '시민적 목가'(bürgerliche Idylle)로 구상했

으나 '서사적 형식'을 취해서 '서사적인 시'(episches Gedicht)가 되었다.

(2) 서사시의 주된 모티프, 즉 '후퇴의 모티프'를 사용하지 않았고, 서사시와 드라마가 공유하는 다른 네 가지 모티프를 사용하였다.

(3) '외부를 향해 활동하는' 인간이 아니라 '내면으로 인도되는' 인간이 묘사되며, 그런 점에서 전통적 서사시에서 멀어지고 드라마에 접근하는 경향을 보여준다.

(4) '비유들'(Gleichnisse)을 적절히 사용하였다. 경험적 현실세계의 장면들이 여과 없이 묘사되면 거추장스럽기 때문이다.

(5) 고대 서사시에 등장하는 신들 대신에 거대한 세계사적 사건(프랑스 대혁명)을 끌어들여서 비슷한 효과를 노렸다.

괴테 자신의 이러한 언급에 이어 쉴러는 이 작품이 비극에 접근하는 경향이 강하다는 점을 다시 강조하면서, 인물의 성격묘사가 시적 평정심보다는 진지한 내면적 갈등과 격정에 기울고 아주 제한된 활동 공간에서 짧게 이어지는 사건전개 등을 그 이유로 꼽았다(HA 2, 739). 그리고 이 작품을 '완벽한 예술작품'이라 격찬한 아우구스트 슐레겔은 괴테가 호메로스의 서사시를 철저히 연구한 다음에 다시 호메로스를 잊고 쓴 것 같은 느낌을 준다고 평했다(HA 2,

740 이하). 다시 말해 호메로스의 서사정신을 적절히 되살리되 새로운 시대의 새로운 제재를 취하여 전혀 다른 방식으로 재창조했다는 것이다.

여기서는 괴테와 쉴러, 슐레겔 등의 이러한 통찰을 바탕으로 과연 어떤 점에서 괴테가 호메로스의 서사정신을 계승했고, 또 2천 년의 시간적 격차에 따른 상황의 차이를 어떤 방식으로 극복하여 새로운 형태의 서사시를 창조했는지 앞에서 괴테가 언급한 순서대로 하나씩 살펴보고자 한다.

(1) '시민적 목가'와 '서사적 시'

괴테의 『헤르만과 도로테아』를 호메로스의 『오디세이』와 비교할 때 가장 두드러진 차이는 괴테의 주인공은 평범한 시민이고 호메로스의 주인공은 영웅이라는 것이다. 이러한 결정적 차이 때문에 괴테는 애초에 '시민적 목가'를 구상했을 것이다. 실제로 『헤르만과 도로테아』에는 목가적 요소가 작품의 중요한 한 축을 이룬다. 남자 주인공 헤르만은 말을 키우고 다루는 일이나 밭일에는 능숙하지만 여타의 바깥일과 사교에는 서툴다는 점에서 전원적 목가에 어울리는 성격이다. 그리고 작품의 공간적 배경 역시 전통적인 목가의 전형적 토포스를 차용하고 있다. 헤르만의 집에서 이어져 있는 포도밭, 그리고 포토밭 담장 밖으로 펼쳐지는 들판, 그 들판에 서 있는 보리수나무와 샘물은 목가의 풍경 그대로다. 그 샘물가에서 헤르만은 도로테아에 대한 사랑을 어머니한테 처음으로 고백하며, 나중에 도로테아를 만나 두 사람의 마음이 통하는 것도 바로 샘물가에서이다.

이러한 공간설정만 보면 이 작품은 전통적인 목가의 테두리 안에 머물고 있는 것처럼 보인다. 하지만 이 작품에는 이러한 목가적 공간과 대비되는 격동의 시대공간이 자리 잡고 있다. 프랑스 군대를 피해 고향을 떠나 쫓겨온 피난민 행렬이 임시로 머무는 마을이 그곳이다. 작품 시작부분에서 헤르만은 피난민들에게 옷가지와 음료 등의 구호품을 전해주기 위해 말을 타고 달려서 피난민들을 찾아간다. 따라서 헤르만이 사는 집과 주변의 전원적 환경 역시 역사의 격동을 향해 열려 있는 공간이며, 헤르만은 고통 받는 사람들을 도와주기 위해 그 격동의 현장으로 달려간다. 바로 이런 점에서 이 작품의 목가적 공간은 전통적 목가의 그것과 구별된다. 전통적 목가의 시공간은 거친 바깥세상으로부터 격리된 '좋았던 옛 시절'의 평온함에 머물러 있다. 다시 말해 과거 지향적이고 은둔적이다. 그 반면 이 작품의 목가적 공간은 격동하는 역사의 일부이며, 언제라도 거기에 편입될 수 있는 삶의 현장이다.

괴테가 나중에 이 작품을 일반적인 의미에서 '서사시'(Epos)라 하지 않고 '서사적인 시'라고 언급한 취지도 새겨볼 필요가 있다. '서사시'라는 용어를 피한 것은 서사시의 원형인 호메로스의 영웅서사시와는 구별되는 어떤 장르적 특성을 말하기 위해서일 것이다. 그러면서도 '서사시적' 이라는 수식어를 다시 사용한 것은 호메로스의 서사정신과 통하는 그 무엇을 말하려는 의중을 드러내는 것으로 보인다. 그리고 서사시보다 상위범주인 '시'라는 장르 명칭을 사용한 것은 이 작품이 전통적 서사시처럼 다양한 사건을 전개하기보다는 시적 응축과 집중을 지향한다는 것을 암시한다. 작품의 시작 부분은 그런 맥락에서 주목할 필요가 있는데, 특히 헤르만이 첫눈에 도로테아한테 반하는 대목이 그렇다. 피난민들에게 구호품을 전해주고 온 헤르만의 모습을 보고 목사는 '아주 다른 사람이 되었다'고 경탄한다. 다시 말해 한순간에 어른으로 성숙했다는 것이다. 헤르만이 그렇게 성숙하도록 깊은 감화를 준 인물이 바로 도로테아이다. 헤르만이 그녀와의 만남을 전달하는 방식을 보면 그가 눈으로 직접 본 도로테아의 모습을 그대로 생생히 묘사하는 것이 이채롭다. '외국종 황소 중에도 가장 힘이 센 황소 두 마리를 몰아대기도 하고 멈추게도 하면서 황소 부리는 솜씨가 능숙했다'는 것이다. 헤르만 자신이 말을 기르고 부리기를 좋아하므로 그런 도로테아의 모습에서 본능적 친화성을 느끼는 것은 당연하다.

나아가서 도로테아의 모습에 대한 생생한 시각적 묘사는 슐레겔이 말한 대로 괴테가 '호메로스를 연구하고서 다시 잊고 쓴' 흔적을 느끼게 해준다. 호메로스적 인간의 본성 중 하나는 영혼과 육체, 마음과 행위가 분리되지 않고 일체를 이룬다는 것이다.[2] 그런 관점에서 보면 '가장 힘센 황소'도 능숙하게 부리는 도로테아의 '육체언어'에 대한 생생한 시각적 묘사는 그녀가 인간의 그 어떤 거칠고 격정적인 본능도 능히 제어하고 순치시킬 수 있는 영혼의 소유자임을 한눈에 보여주는 장면이라 하겠다. 실제로 도로테아는 그녀 자신도 피난민의 한 사람으로 모진 고통을 겪는 상황에서도 황소가 이끄는 마차에 갓 출산한 산모와 아기를 태워서 피난을 가는 중이다. 전쟁이 불러온 최악의 극한상황에서도 자연의 순리대로 새 생명이 탄생하고, 도로테아는 그 생명을 구해낸다. 그녀는 자연의 운행과 인간사의 격동을 하나의 이치로 다스리는 영혼의 위대함을 몸소 구현하고 있는 것이다. 바로 그런 측면에서 전란의 한복판에서 '구세주' 역할을 하고 있는 도로테아는 호메로스 서사시에 등장하는 신들의 역할을 대신하는 셈이다. 아닌 게 아니라 '도로테아'라는 이름은 그리스 어원으로 '신의 선물'이란 뜻이다. 더욱이 호메로스 서사시나 고대 비극에서 여성들이 대개는 영웅들의 '전리품'으로 등장한다는 사실을 떠올리면 도로테아가 보여주는 이러한 여성상은 고대 서사시의 판에 박힌 전형을 전복시키는 새로운 여성상을 보여준다.

이처럼 작품 첫머리에서 이미 헤르만은 한순간에 도로테아의 아름다운 여성상에 매료되는 운명적 순간을 경험한

---

2) 천병희 역: 『오디세이아』, 437(역자해설) 참조.

다. 작품 초입에 이미 운명적 순간이 시적 절정으로 응축되어 있는 것이다. 따라서 이후의 사건전개는 호메로스 서사시처럼 굳이 파란만장한 우여곡절을 거쳐야 할 이유가 없고, '바깥을 향한 활동'으로 확장될 이유도 없다. 이 운명적 만남이 결혼으로 이어지는 것을 방해하는 요소들이 야기하는 갈등에 집중하는 것이 자연스럽다. 이 작품이 서사시에서 멀어지고 비극에 접근하는 경향을 보이는 것은 그 때문이다.

(2) 모티프의 활용

남녀 간의 사랑과, 그 사랑을 방해하는 외적 요인과의 갈등은 영웅들이 절세미인을 두고 다투는 고전 비극의 영역이 아니고 근대적 시민 비극의 영역에 속한다. 따라서 이 작품의 극적 갈등이 비극에 접근한다는 것도 그런 제한된 의미로 이해될 필요가 있다. 그러면서도 이 작품은 프랑스 대혁명이라는 세계사적 격변을 배경으로 하고 있기 때문에 여느 시민 비극의 제한된 테두리를 넘어선다. 이러한 복합적 요인들이 이 작품에서 '모티프'의 선택을 제약한다.

괴테가 말한 대로 『헤르만과 도로테아』는 거의 서사시에서만 사용하던 '후퇴의 모티프'를 전혀 사용하지 않는다. 그 일차적 이유는 앞에서 언급한 대로 호메로스의 영웅서사시와 달리 주인공의 행위가 '바깥을 향한 활동'으로 확장될 필요가 없기 때문이다. 그것은 영웅적 활약상을 펼칠 수 없는 '시민적' 서사시의 제약이자 작품 초반에 이미 시적 설정을 집약해서 보여주는 작품 내재적 논리의 귀결이다. 다른 한편 이 작품이 '순전히 지나간 과거의 사건'을 서술하는 원형 서사시로 돌아갈 수 없는 또 다른 결정적인 이유는 작품의 직접적 배경을 이루는 프랑스 대혁명의 여파가 아직 그 귀추를 가늠할 수 없는 '현재 진행형'의 사건이기 때문이다. 알다시피 괴테는 프랑스 혁명의 여파로 불거진 독불전쟁에 1790년대 초반에 두 차례 종군했고, 그러면서 이 작품에서 묘사되는 피난민들의 참상을 직접 목격했다. 그리고 프랑스 대혁명의 불씨가 독일에서 장차 어떻게 번질지 미래를 예측할 수 없는 상황에서 괴테는 폭력적 혁명에는 일관되게 반대하는 입장이었다.

괴테가 이 작품에서 시간과 공간을 최소한으로 압축하고, 평범한 시민이 이 역사적 격변을 어떻게 감당하고 '순수한 인간성'을 지켜내는가 하는 문제에 초점을 맞춘 것은 그러한 역사적 제약에 따른 자연스러운 귀결이다. 이미 언급한 대로 이 작품의 공간은 헤르만의 집과 그 주위의 목가적 전원, 그리고 피난민들이 모여 있는 마을이다. 그리고 작품에서 서술되는 시간은 한낮에 헤르만이 피난민들에게 구호품을 전달해주고 도로테아에게 반해서 결혼을 결심하고 그 혼약이 성사되는 저녁 무렵까지로, 한 나절에 불과한

짧은 시간이다. 평범한 시민이 하루 동안에 겪는 일을 평생의 운명과 연결시키고, 한 개인의 생애사적 결단을 다시 세계사적 사건과 연결시킨 것이다.

이 작품에서는 전진과 지연, 회상과 예견의 모티프가 골고루 사용된다. 작품 서두에서 헤르만이 구호품을 갖고 피난민 행렬을 찾아간 사이에 그의 부모님과 목사, 약국 주인 등이 환담을 나누는 장면은 사건의 전개를 지연시킨다. 하지만 이들의 대화를 통해 농업과 상업을 병행하는 시골 소도시의 생활환경이 자연스럽게 소개된다. 헤르만이 돌아와서 들뜬 마음으로 도로테아 이야기를 하자 아버지는 도로테아를 좋아하는 아들의 마음을 읽고서 "가난한 여자는 결국 남편으로부터 멸시당하게 마련이고,/보퉁이 하나 들고 온 식모로, 하녀로 취급당하기"(II장, 184~185행)[3] 마련이라며 아들에게 면박을 준다. 이 때문에 울컥해진 헤르만이 집을 나가고, 어머니가 아들을 찾아서 헤매다가 우물가에서 아들을 발견하는 장면도 지연에 해당된다. 하지만 아들과의 대화를 통해 어머니는 아들이 도로테아라는 처녀를 사랑한다는 사실, 그리고 오늘 당장 약혼을 하겠다는 확고한 결심을 확인하게 된다. 그리고 비록 가난해도 마음씨 고운 처녀라면 결혼의 희망이 있다고 아들을 격려해준다. 지연의 모티프가 오히려 모자간에 흉금을 털어놓고 희망적

3) 인용은 다음 번역에 따름. 괴테: 『헤르만과 도로테아』, 이인웅 역, 지만지 2011.

미래를 예견하는 계기로 작용하는 것이다. 여기서 어머니가 아들의 속마음을 알아보는 장면은 『오디세이』에서 아버지가 아들을 알아보는 감동적 해후의 변주라 할만하다. 아들을 찾아 가는 어머니가 들판에 무르익은 곡식을 보며 흐뭇해하는 장면도 오디세이의 아버지가 시골에서 가축을 기르고 올리브와 포도 농사를 하는 목가적 장면에 상응한다.

『오디세이』에서 페넬로페와 라에르테스가 오디세이를 알아보는 회상의 모티프는 귀향 서사의 절정을 이룬다. 마찬가지로 『헤르만과 도로테아』에서도 회상의 모티프가 결정적 역할을 한다.

① 작품 초반에는 헤르만의 어머니가 20년 전에 이 도시를 폐허로 만든 대화재를 회상하는 장면이 나온다. 헤르만의 어머니와 아버지는 화재로 폐허가 된 양쪽 집을 복구하는 일을 서로 도와주기로 결심하면서 바로 결혼을 했다. 재난이 두 사람을 결합시켜준 전화위복의 계기가 되었던 것이다. 당시 상황은 전란으로 인해 집과 가족을 잃고 피난길에 오른 도로테아의 지극한 선행을 보고 헤르만이 단숨에 반하는 상황과 겹쳐진다. 회상의 모티프가 헤르만과 도로테아의 행복한 결합을 암시하는 희망의 전조가 되는 것이다. 『오디세이』의 주인공이 트로이 전쟁에 출정했다가 20년 만에 귀향하는 것을 상기하면, 20년 전에 화재의 폐허를 딛고 결혼했던 헤르만의 부모님이 20년 후

에 아들의 결혼을 앞둔 상황에서도 『오디세이』의 흔적이 느껴진다.

② 헤르만의 아버지가 오갈 데 없는 무일푼 처녀한테 반한 것에 아버지가 몹시 역정을 내자 목사와 약국 주인이 '중재자'로 나서서 도로테아가 과연 믿을 만한 여성인지 알아보기로 자청한다. 그리고 피난민들이 정신적 지도자로 받드는 어떤 노인의 증언으로 도로테아의 훌륭한 행실을 전해 들음으로써 신붓감으로 손색이 없음을 확인하게 된다. 노인의 증언에 따르면 도로테아는 자신과 여동생들을 겁탈하려는 프랑스 병사들을 당당히 제압했다는 것이다. 도로테아의 이러한 면모는 황소를 능숙하게 부리는 수완과 더불어 고전적 서사시 주인공의 품격을 부여한다. 모든 면에서 도로테아는 헤르만의 진솔한 남성적 미덕을 능가하는 고결한 성품을 보여주며, 이것이 호메로스 서사시에서는 찾아볼 수 없는 새로움이다.

③ 작품 결말부에서 도로테아가 프랑스 혁명의 와중에 희생된 약혼자를 회상하는 장면은 작품 초반에서 헤르만의 부모님이 20년 전의 대화재를 계기로 결혼했던 당시를 회상하는 장면과 맞물려서 작품에 완결성을 부여한다. 도로테아의 약혼자는 '자유의 이상'에 이끌려 파리로 가서 혁명에 가담했다가 공포정치에 희생된 인물로 회상되는데, 도로테아는 약혼자의 마지막 유언을 긴 대사로 그대로 들려줌으로써 작중 인물인 동시에 서사시의 음송자(Rhapsode)

내지 '뮤즈'의 역할까지 수행한다. 도로테아의 약혼자는 그녀와 헤어질 때 남긴 유언에서 "언젠가 우리 이 세상의/폐허 위에서 다시 만나게 된다면, 우리는 새로워진 인간으로서/(…) 자유로운 몸으로 운명으로부터도 해방될"(IX장, 275~277행) 거라며 '하루하루를 성스럽게' 보내라고 부탁했다. 이 말을 전하는 도로테아의 회상은 그녀와 헤르만의 행복한 미래를 소망하는 예견의 모티프로도 작용하게 된다. 『오디세이』에서 인간의 희망찬 미래를 축원해주는 예견의 모티프가 신들의 몫이었다면, 『헤르만과 도로테아』에서 그러한 예견은 인간 대 인간의 약속으로 탈신화화 되는 것이다.

(3) 극적 갈등과 화해의 반전

이 작품을 '시민 비극'으로 기울게 하는 극적 갈등은 두 가지로 집약된다. 도로테아한테 반한 헤르만과 오갈 데 없는 처녀를 신부로 맞이하려는 아들을 못 마땅해 하는 아버지 사이의 갈등, 그리고 서로의 마음을 확인하지 못해 각자 속을 끓이는 헤르만과 도로테아 사이의 갈등이 그것이다. 여기서 부자간의 갈등은 헤르만과 도로테아가 서로 사랑을 확인하면서 자연스럽게 해소되기 때문에 후자가 갈등의 중심축을 이룬다. 헤르만의 아버지는 '지참금이 많은 부잣집 딸'을 며느리로 맞고 싶어 하므로 도로테아가 그런 부귀를 능가하는 인간적 미덕으로 아버지의 마음을 설득하는 것이 관건이 되는 것이다.

헤르만은 도로테아를 처음 보는 순간에 반해서 결혼을 결심하지만, 이렇게 훌륭한 처녀이니 당연히 사귀는 남자가 있을 거라고 지레 짐작하면서 사랑을 고백하지 못한다. 그러면서도 헤르만은 도로테아를 놓칠 수는 없어서 자기 집에 와서 일찍 죽은 '딸' 구실을 해달라고 부탁한다. '딸'을 대신해달라는 말은 곧 '며느리'가 되어달라는 청혼을 완곡하게 표현한 것이다. 그렇지만 자신의 오갈 데 없는 처지를 생각해서 도로테아는 그 말을 '하녀'가 되어 달라는 뜻으로 오해하고 선뜻 '하녀'가 되겠다고 응한다. 그런데 집안에 당도하자 헤르만의 아버지는 아들과 도로테아에게 심하게 면박을 준다. "사내가 고른 신붓감을 보면 그놈의 정신머리가 어떠한지,/자신의 가치를 제대로 느끼는 놈인지 금방 알 수 있거든."(IX장, 82-83행) 아들의 선택을 결코 용납할 수 없다고 퇴짜를 놓는 것이다. 이에 모욕감을 느낀 도로테아는 이 집안에 시중을 들려고 온 사람을 문전박대하는 것이 과연 고매한 행동이냐고 항변을 하고, 이를 지켜보는 목사는 '주인'의 농담에 발끈하는 것을 보니 '하녀' 일에는 익숙하지 않은 모양이라고 핀잔을 준다. 목사는 도로테아를 흉보려는 것이 아니라 경색된 분위기를 풀려고 농담처럼 말한 것이다. 그렇지만 도로테아는 '환자는 건드리기만 해도 아픈 법'이라며 상처받은 마음을 진솔하게 드러내며, 사실은 헤르만을 처음 보는 순간부터 좋아했다고 사랑을 고백하기에 이른다. 그리고 비록 '하녀'로 들어와 살더라도 언젠가는 '좋은 인연'을 맺을 수 있지 않을까 하는 '허영에 들뜬 생각'까지 했노라고 고백한다. 그렇지만 자기처럼 가난한 처녀는 부잣집 청년과 어울리지 않으며, 또 헤르만이 장차 신부를 맞이하면 그 괴로움을 견딜 수 없을 테니 이제 정신 차리고 당장 이 집을 떠나겠다고 말한다. 바로 그 순간 헤르만의 어머니가 나서서 "아가씨는 내 아들의 약혼자예요."라고 갈등을 매듭짓는다.

도로테아가 헤르만의 아버지에게 항변하는 것은 퇴짜를 맞을 각오를 하고 자신의 인간적 존엄을 지키려는 고결한 성품의 표현이다. 하지만 상처받은 마음을 숨기지 못하고 그대로 드러내는 모습은 이전까지의 여장부다운 모습과는 또 다른 여성적 섬세함을 보여준다. 이제 정신 차리고 이 집을 떠나겠다는 것도 어차피 이루지 못할 사랑의 고통을 견디기 힘든 심정의 표현이라 하겠다. 하지만 이미 아들 헤르만에게서 도로테아에 대한 사랑의 고백을 들은 어머니는 두 사람이 진심으로 서로 사랑한다는 것을 확인하고 혼약을 성사시키는 것이다. 헤르만이 자기 집에 들어와 달라고 했을 때 도로테아는 이제 '주인'이 될 헤르만을 어떻게 대해야 하느냐고 물은 적이 있는데, 그때 헤르만은 '당신의 마음이 시키는 대로 하라'고 답해주었다. 도로테아가 자신의 순수한 마음이 시키는 대로 속마음을 숨김없이 털어놓음으로써 하마터면 퇴짜를 맞고 쫓겨날 뻔했던 위기상황이 전화위복으로 반전되는 것이다. 이처럼 누적된 오해로 인한 갈등이 풀리고 행복한 극적 반전을 맞이하는 점에서 이 작품은 극적 구조에 접근한다.

(4) 상징적 요소들

괴테는 이 작품을 쓰면서 '조형예술'에서 배운 것을 많이 활용했노라고 밝힌 바 있다. 조형예술 작품을 보면 한눈에 전체의 균형과 조화, 꼭 필요한 부분과 불필요한 군더더기를 일목요연하게 조감할 수 있기 때문이다. 그런 의미에서 이 작품의 전체적 균형과 조화, 맞춤한 짜임새를 구성하는 데 결정적으로 기여하는 요소가 바로 상징적 장치들이다.

예컨대 20년 전의 대화재와 그로 인한 폐허는 지금 겪고 있는 전쟁과 그 파괴적 여파를 자연스럽게 상기시켜준다. 그 반대로 보리수나무 아래 우물은 사랑과 생명의 원천이다. 헤르만의 어머니는 우물가에서 아들의 사랑하는 마음을 확인한다. 도로테아가 헤르만과 재회하여 그의 집에 들어가기로 결심하는 것도 우물가에서다. 도로테아는 피난민들에게 신선한 샘물을 구해주기 위해 우물가에 왔다가 우연히 헤르만을 만나므로, 두 사람의 재회는 단지 둘만의 행복에 안주하지 않고 바깥세상에서 고난 받는 사람들에 대한 사랑의 보살핌과 이어져 있다.

헤르만이 우물 길어 올리는 것을 도와주느라 두 사람이 함께 우물 위로 몸을 숙이는 장면은 이렇게 묘사된다. “푸른 하늘을 배경으로 한 그들의 모습이 반사되어 흔들거리는 것을 보고, / 그들은 물거울 속에서 서로 고개를 끄덕이며 다정하게 인사를 나누었다.”(VII장, 41-42행) 두 사람이 미처 사랑을 고백하기도 전에 하늘과 샘물이 두 사람의 마음을 투명하게 비춰주는 것이다. 인간사에 개의치 않고 스스로의 법칙에 따라 운행하는 자연의 이치가 세상 풍파에 굴하지 않고 순수한 마음으로 서로에게 이끌리는 두 사람의 사랑에 상응하는 장면이다.

도로테아가 끼고 있는 반지는 극적 갈등과 마지막의 행복한 극적 반전에 결정적인 구실을 한다. 처음 그 반지를 본 헤르만은 이미 약혼자가 있는 거라고 오해를 하지만, 작품 결말에 이르면 숭고한 이상을 추구했던 그 약혼자의 유언이 헤르만과 도로테아의 결혼을 축복해주는 신탁처럼 숭고한 감동적 울림을 준다.

이 작품에는 이러한 자연 및 사물 상징뿐 아니라 인물 역시 고도의 상징성을 띠는데, 누구보다 도로테아가 그러하다. 힘센 황소를 ‘몰아대기도 하고 늦추기도 하는’ 능숙한 솜씨를 묘사할 때 이 대목은 서사시의 전형적 모티프인 ‘전진’과 ‘지연’의 모티프를 암시한다. 그렇게 보면 도로테아의 일거수일투족이 곧 이 서사시 전체의 이야기를 진행시키는 ‘서사의 리듬’에 해당되는 셈이다. 실제로 이 작품 전체가 도로테아라는 여성에게 집중되어 있다는 것은 지금까지 살펴본 바와 같다.

헤르만이 '한순간'에 늠름한 어른으로 성숙하는 것도 『오디세이』에서 아무도 알아보지 못하는 거지 차림의 오디세이가 페넬로페를 만나고서 한순간에 전성기의 영웅적 풍모로 변용되는 것에 비견될 만하다. 헤르만이 작품 서두에서 능숙하게 마차를 몰고 피난민 행렬을 향해 달려가는 모습에는 전차를 모는 호메로스의 영웅들이 어렴풋한 흔적으로 남아 있다. 그렇지만 헤르만의 마차는 전쟁도구가 아니라 구호수단이라는 결정적 차이가 있다.

피난의 혼란 중에도 갓 태어난 아기는 마구간에서 태어난 아기예수를 연상케 하며, 그 아기와 산모의 생명을 구하는 도로테아는 수호천사처럼 보인다. 헤르만의 집으로 들어가기 위해 피난민들과 작별하는 장면에서 도로테아는 그 갓난아기가 건강하게 자라서 엄마도 알아본다고 기뻐한다. 바로 이날 오전 또는 길어야 불과 며칠 전에 태어났을 아기가 엄마를 알아본다는 것은 문자 그대로 기적이다. 도로테아 자신이 아기엄마처럼 지극한 사랑과 선한 마음으로 아이를 보았기 때문에 그렇게 느꼈을 것이다. 더 중요한 것은 이러한 상징적 묘사를 통해 이 서사시에 초시간적 품격이 부여되고, 현실의 온갖 고난과 역경을 견디고 세상에 평화를 가져오는 힘은 바로 그처럼 시간의 시련을 견디는 순결한 마음에서 찾아야 한다는 메시지일 것이다.

(5) 신들의 세계와 인간의 운명

괴테가 호메로스 서사시에 등장하는 신들의 역할을 프랑스 대혁명이라는 세계사적 사건으로 치환했다는 말은 호메로스 서사시에서 신들의 역할이 무엇이고 또 대혁명이 사람들에게 어떤 시련과 과제를 던져주었는가 하는 물음으로 바꾸어 생각해볼 수 있다.

호메로스 서사시에서 신들은 한편으로 인간의 힘으로 감당하기 힘든 시련을 주고 다른 한편으로 역시 인력으로 감당할 수 없는 난제를 해결해주는 이중적 역할을 한다. 그래서 호메로스 서사시에 등장하는 인간들은 엄청난 고난과 행운 모두 신들의 뜻이라고 운명에 순응한다. 예컨대 20년 만에 귀향한 오디세이와 해후한 페넬로페는 지난 20년의 형언할 수 없는 고통도 피할 수 없는 운명이었노라고 달게 받아들이며 마음의 평온을 되찾는다. 다른 한편 인간의 힘으로 해결할 수 없는 난제를 신들이 해결해준다는 것은 신들이 초월적 존재가 아니라 어디까지나 간절한 인간적 소망의 투사물임을 말해준다. 『오디세이』의 결말부에서 아테네 여신이 화평을 명하는 것은 신의 뜻이기 이전에 트로이 전쟁으로 사랑하는 가족을 잃은 모든 그리스인들이 희구하는 평화에의 염원을 신의 이름을 빌어서 표현한 것이다.

이런 관점에서 보면 괴테가 호메로스 서사시의 신들의

역할을 프랑스 대혁명으로 치환했다는 의미는 자연스럽게 이해된다. 요컨대 프랑스 대혁명이 안겨준 시련을 인간의 힘이 미치지도 않는 신들의 권능에 의탁하지 말고 '순수한 인간성'의 힘으로 극복해야 한다는 것이다. 또한 서사시의 경우와 달리 영웅들이 아니라 평범한 시민들 사이의 사랑과 우애를 통해 시련을 극복하고 평화를 일구어야 한다는 것이다. 남녀 간의 사랑과 가정이라는 가장 작은 사회적 단위가 서사시의 중심으로 설정된 것도 그런 이유에서다. 도로테아의 첫 약혼자가 혁명의 혼란 중에 '음모와 전횡'의 제물로 희생되었고 그가 남긴 유언이 '자유와 평화'의 새로운 삶에 대한 염원으로 전해지는 것은 마치 고대 비극에서 '대속의 제물'을 바쳐서 비극적 파멸을 모면하고 안녕을 기원하는 구도와 흡사하다. 수많은 인명의 살상과 전쟁까지 초래한 프랑스 대혁명의 비극이 종식되고 이제는 순수한 인간성에서 우러나온 사랑이 사람들을 행복하게 결속시켜 주는 새로운 시대가 열리기를 기원하는 비원이 담겨 있는 것이다.

4. 『타우리스의 이피게니에』와 고전극의 재해석

이미 언급한 대로 쉴러는 괴테의 희곡 『타우리스의 이피게니에』(1786)가 서사시로 기우는 경향이 강한 것은 이 작품의 극적 구조를 저해하는 결함이라고 보았다. 구체적으로 쉴러는 사건이 너무 느슨하게 진행되고 너무 지체되며, 결말을 예측하기 힘들 뿐 아니라 결말 자체도 비극의 결말과는 모순된다고 지적했다(FA I.5, 1305). 1802년 이 작품을 공연하기 위해 각색을 해달라고 괴테의 부탁을 받은 쉴러는 이 작품을 다시 정독했고, 쉴러는 이전보다 더 급진적인 의견을 표명한다. 극작가 쾨르너(Körner)에게 보낸 편지에서 쉴러는 이 작품이 '놀라울 정도로 현대적이고, 그리스적이지 않으며' 그런데도 어떻게 사람들이 이 작품을 고대 그리스의 작품과 비교했는지 도저히 납득할 수 없노라고 했다(FA I.5, 1306). 그리고 괴테한테 보낸 편지에서 쉴러는 각색을 위한 수정방향을 다음과 같이 제안했다.

첫째, 도덕적 담화가 너무 길어서 그 부분을 대폭 줄여야 한다.

둘째, 역사적 · 신화적 요소는 관객의 상상력을 자극하므로 살리는 것이 좋다.

셋째, 이피게니에의 남동생인 오레스트(Orest)가 가장 문제가 많다. 어머니한테 죽음을 당한 아버지의 원수를 갚기 위해 다시 어머니를 죽인 죄인 오레스트는 원래 그의 죄를 벌하려고 그를 추적하며 괴롭히는 복수의 여신들 때문에 추적망상의 광기에 사로잡힌 인물이다. 그런데 괴테의 희곡에서는 복수의 여신들이 직접 등장하지 않고 오레스트의 괴로운 심리상태만 묘사되므로 그의 고통이 생생하게 실감되지 않는다는 것이다.

넷째, 전반적으로 사건전개(Handlung)가 무대 위에서 생생하게 드러나기보다는 '무대 뒤에서' 진행되고 있다. 가시적인 사건보다는 '말'이 압도적이어서 윤리적 요소가 구체적 설득력을 얻지 못한다.

여기서는 쉴러의 이러한 지적에 초점을 맞추어 괴테의 희곡이 어떤 측면에서 서사시로 기울며, 그 이유가 무엇인지 살펴보고자 한다. 먼저 이 작품의 배경이 되는 역사적 · 신화적 소재를 소개하고, 에우리피데스의 희곡이 어떤 점에서 고대 비극의 장르적 특성을 구현하고 있는지 살펴본 다음에 괴테의 희곡을 다루고자 한다.

(1) 작품의 소재

이 작품의 여주인공 이피게니에는 고대 그리스 신화와 트로이 전쟁이 만나는 지점에 위치하는 인물로, 신화에서 거인족으로 나오는 탄탈로스 일족의 마지막 후예이다. 그 일족의 시조인 탄탈로스의 반인륜적 죄와 그로 인한 저주가 이피게니에 바로 윗세대부터 그녀 자신과 형제자매들에게 어떻게 이어지고 있는지 정리해보면 아래와 같다.

- 탄탈로스는 제우스 신의 총애를 받지만 신들의 지혜를 시험하기 위해 자기 아들의 인육을 신들의 식탁에 올려놓는다. 제우스의 노여움을 산 탄탈로스 일족은 그 악행의 대가로 끊임없이 친족끼리 죽이고 죽어야 하는 영겁의 저주를 받는다.
- 탄탈로스 족의 후예인 아트레우스(Atreus)의 아들 아가멤논(Agamemnon)은 조카를 죽이고 그의 아내 클리템네스트라(Klytaimnestra)를 빼앗아 아내로 삼으며, 미케네의 왕위에 오른다.
- 아가멤논의 형 메넬라오스(Menelaos)는 스파르타의 왕위를 계승하고 헬레나를 왕비로 맞는다.
- 트로이의 왕자 파리스(Paris)가 헬레나를 데리고 달아나자 트로이 정벌을 위한 그리스 연합군이 조직되고 아가멤논이 그 총사령관이 된다.
- 달의 여신 아르테미스(Artemis)의 방해로 그리스 군대가 아울리스(Aulis)항에서 꼼짝 못하게 되자 '한 해 최고의 수확물'을 제물로 바치라는 신탁이 내린다. 예언자 칼카스(Kalchas)는 그 최고의 수확물이 바로 아가멤논 왕의 딸 이피게니에라고 신탁을 해석한다. 이에 따라 아가멤논은 이피게니에를 제물로 바치기로 한다. 이 과정에서 오디세이는 이피게니에를 아킬레스에게 시집보내는 것처럼 꾸며서 이피게니에와 그녀의 어머니를 속인다.
- 이피게니에가 제물로 바쳐지는 찰나에 아르테미스 신이

그녀를 구해내어 타우리스(Tauris, 지금의 크림 반도)에 데려다 놓는다. 이피게니에는 타우리스에서 아르테미스 신전의 여사제로 봉직한다. 그러나 그리스 사람들은 이피게니에가 제물로 바쳐져 죽은 줄 알고 있다.

- 클리템네스트라는 트로이 원정에서 돌아온 남편 아가멤논을 정부인 아기스토스(Agistos)와 공모하여 죽인다. 이피게니에를 제물로 바친 데 대한 복수심과, 아가멤논이 트로이에서 데려온 미인 카산드라(Kassandra)에 대한 질투심 등이 복합적인 동기로 작용한 것이다.
- 이피게니에의 여동생 엘렉트라(Elektra)가 어릴 때 몰래 빼돌려 숙부의 집에서 자란 오레스트(Orest)는 아버지의 죽음에 대한 복수로 누나 엘렉트라와 공모하여 어머니를 살해한다.
- 오레스트는 친모 살해죄로 복수의 여신들에게 끊임없이 쫓기는 신세가 된다. 그러자 아폴로 신이 타우리스에 있는 아르테미스 여신상을 되찾아 오면 저주가 풀릴 거라는 신탁을 내린다. 이에 오레스트는 사촌동생 필라데스(Pylades)와 함께 신상을 탈환하기 위해 타우리스로 간다. 타우리스에서는 이 나라에 오는 모든 이방인을 죽여서 제물로 바치는 것이 오랜 관습법이다.

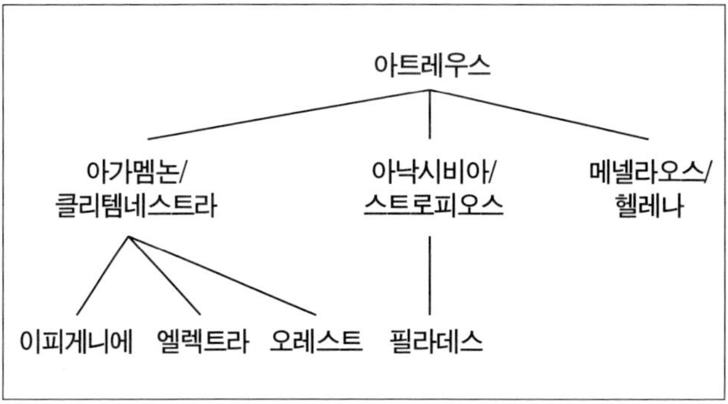

(2) 에우리피데스의 『타우리스의 이피게니에』

기원전 412년 경 집필된 것으로 추정되는 에우리피데스의 『이피게니에』는 괴테와 쉴러가 말한 드라마(비극)의 장르적 특성을 전형적으로 보여주는 작품이다. 오레스트와 필라데스가 타우리스로 가서 아르테미스 여신상을 훔쳐오는 것이 신탁에 따른 일차적 목표이다. 그 과정에서 두 사람이 포로로 잡혀서 사제 이피게니에에 의해 제물로 바쳐질 위기를 맞지만, 남매가 서로를 알아보는 극적 반전이 이루어지고, 아테네 여신의 도움으로 무사히 타우리스를 탈출하는 데 성공한다. 드라마의 사건전개(Handlung)는 이러한 최종 목표를 향해 나아가는 '전진'의 모티프를 주로 사용하되, 비극적 갈등과 극적 반전의 효과를 고조하기 위해 '회상'과 '지연' 그리고 '예견'의 모티프를 적절히 활용한다. 괴테의 작품과 대비되는 중요한 특징을 구체적으로 살펴보면 다음과 같다.

① 먼저 이피게니에와 오레스트가 서로 남매지간임을 알아보는 경위를 살펴보자. 작품 시작부분에서 이피게니에는 '간밤에 꾸었던 꿈'에 관해 독백으로 말한다. 어린 시절로 돌아간 그 꿈에서 고향의 집이 무너지고 기둥 하나만 남는데, 이피게니에는 눈물을 흘리며 그 기둥에 물을 뿌린다. 이피게니에는 이 꿈을 오레스트가 죽은 것이라 해석하며, 자신이 오레스트를 제물로 바쳤다고 자책한다. 타우리스에 있는 아르테미스 신전의 사제인 그녀는 타우리스의 오랜 관례에 따라 이방인들이 잡혀 오면 제물로 바쳐지기 전에 축성(祝聖)을 위해 제물이 될 사람의 몸에 물을 뿌린다. 따라서 집안에 마지막 남은 기둥인 남동생 오레스트를 제물로 바치기 위해 물을 뿌렸다고 생각하는 것이다. 작품 이전의 세계로 돌아가는 이 '회상'의 모티프는 고향 집에서 아버지와 어머니가 탄탈로스 일족의 저주에 따라 모두 죽었다는 사실을 암시하지만, 아직 이피게니에 자신은 부모님의 생사여부를 모르는 상태이다. 그리고 오레스트가 아직 살아 있긴 하지만, 역시 친족살해의 저주에 의해 장차 남동생 오레스트를 제물로 바쳐야 할 운명임을 암시한다.

오레스트와 필라데스는 여신상을 탈취하기 위해 타우리스에 왔다가 잡혀서 포로가 되었고 곧 제물로 바쳐질 운명이다. 그래서 신전에 끌려온 두 사람과 이피게니에가 만난다. 오레스트가 아직 자기 신원을 밝히지 않는 상태에서 이피게니에는 그의 입을 통해 아버지 아가멤논 왕이 어머니에 의해 죽임을 당했고, 아들이 그 복수로 어머니를 살해했다는 끔찍한 비보를 접한다. 아울러 남동생 오레스트와 여동생 엘렉트라는 아직 살아있다는 사실도 알게 된다. 이피게니에는 여전히 오레스트를 알아보지 못하는 상태에서 그를 살려서 그리스로 보내줄 테니 '편지'를 고향에 있는 남동생에게 전해달라고 부탁한다. 그러자 오레스트는 자기 때문에 위험을 무릅쓰고 함께 온 필라데스가 억울하게 죽을 수는 없으니 필라데스를 살려서 돌려보내달라고 하면서 죽음을 자청한다. 그러자 이피게니에는 오레스트의 고결한 성품에 이렇게 찬탄한다.

> 오오 더없이 고결한 마음씨여! 얼마나 고귀한 가문에서
> 그대는 태어났는가, 친구들의 진정한 친구여!
> 하나밖에 없는 내 오라비도 저랬으면 좋으련만!(609~611행)[4]

바로 면전에 있는 동생 오레스트를 알아보지 못하고 이렇게 말하는 '지연'의 모티프는 관중의 안타까움을 자아내는 극적 효과를 한껏 고조시킨다. 그런데 이피게니에는 필라데스가 바다에서 풍랑을 만나 편지가 망실될 경우에 대

---

4) 인용은 다음 번역에 따름. 천병희 역: 『에우리피데스 비극』, 단국대학교 출판부 1999.

비하여 편지의 내용을 직접 읽어준다. 편지의 내용은 그리스인들이 죽은 줄 알고 있는 이피게니에가 살아서 타우리스에 있다는 것이며, 다음과 같은 당부의 말을 담고 있다.

> 오라비여, 나를 죽기 전에 야만족의 나라에서
> 아르고스로 데려가고, 이방인들을 죽여야만 하는
> 여신을 위한 봉사로부터 나를 구해다오!(774~776행)

이어서 그녀는 자기가 바로 이피게니에라고 말한다. 그러자 필라데스는 그녀로부터 받은 편지를 오레스트에게 전해주면서 이로써 남동생에게 편지를 전해주라는 부탁을 이행했노라고 말하여 오레스트의 신원도 밝혀진다. 그러자 이피게니에는 이 기적을 믿지 못하겠다며 오레스트를 '시험'하는데, 오레스트는 일찍이 이피게니에가 금양 모피에 일식(日蝕) 그림을 자수로 짜 넣은 일이며 펠롭스 할아버지가 휘두르던 창이 이피게니에의 방에 보관되어 있다는 등의 사실을 낱낱이 말해서 '시험'에 통과한다. 이로써 남매는 감격의 해후를 하며, 길게 이어지던 '지연'의 모티프가 '전진'의 모티프로 전환된다.

② 이 작품에서는 복수의 여신들에 쫓기는 오레스트의 광기가 직접 묘사되지 않고, 그의 광기 발작을 목격한 목자(牧者)의 보고로 전달된다. 목자에 따르면 광기에 사로잡

힌 이방인이 괴로워서 신음하고 두 손을 부들부들 떨면서 이렇게 외쳤다고 한다.

> "필라데스, 자네는 저 여자가 안 보이나? 자네는 저기
> 저 하데스의 뱀이 안 보이나? 그녀는 나를 죽이려고
> 무시무시한 독사 떼를 나를 향해 내몰고 있구나.
> 저기 또 한 명은 옷자락에서 불과 살인을 내뿜고
> 날개들로 노를 저으며 나의 어머니를 품에 안고 있구나,
> 그 바위덩어리를 내 머리 위로 던지기 위하여.
> 아아, 그녀가 나를 죽이려 하는구나! 나는 어디로 피해야 하나?"(285~291행)

목자의 전언에 따르면 그 이방인은 소와 개의 무리를 보고 이렇게 절규하고는 칼을 빼들고 소떼를 칼로 찔러서 '바닷물을 피로 빨갛게' 물들였고, 이윽고 발작에서 풀려나자 '입에 거품을 물고' 쓰러졌다고 한다. 극중 인물의 경험담을 보고 형식으로 재연하는 것도 고대 그리스 비극에서 즐겨 사용한 방식이다. 여기서는 '옷자락에서 불과 살인을 내뿜고/날개들로 노를 저으며' 오레스트 어머니의 혼백이 한순간 '바위덩어리'로 변하는 장면을 실제 연기로는 보여줄 수 없기 때문에 극중 인물이 보고 들은 것을 생생하게 '말'로 전달하는 수법을 택한 것이라 할 수 있다. 그런데 오레스트가 광기에 빠진 모습은 이 장면이 전부이며, 이피게니

에 앞에 모습을 나타낸 이후로는 이미 언급한 대로 고결한 그리스 영웅의 면모를 보여준다. 따라서 오레스트가 광기로부터 치유되는 과정은 묘사되지 않는다. 나중에 살펴보겠지만 이런 점에서 괴테의 작품에 등장하는 오레스트와는 매우 대조적이다. 이피게니에를 만난 이후 다시 광기를 일으키면 탈출이라는 최종 목표를 향해 전진하는 모티프를 지연시켜서 극적 통일성을 저해하기 때문에 광기의 발작은 이미 지나간 사건으로 딱 한번 묘사된 것이라 볼 수 있다.

③ 주인공 이피게니에의 성격과 역할은 괴테의 작품과는 더 뚜렷한 차이를 보여준다. 이피게니에가 주도하여 면밀한 탈출계획을 세우고 토아스 왕을 속여서 따돌리는 역할을 도맡으며, 여신상도 그녀 자신이 훔쳐서 옮긴다. 이 모든 과정에서 이피게니에는 용의주도한 지략가 오디세이를 방불케 한다. 이방인들이 친족을 살해하는 중죄를 지었으니 제물로 바치기 전에 정화하기 위해 바닷물로 씻겨야 하고, 여신상 역시 그들의 손이 닿아 부정을 탔으니 정화해야 한다며 그녀가 직접 여신상을 들고 나온다. 그리고 이방인들이 그녀의 환심을 사려고 오레스트가 고향에서 잘 지내고 있다고 거짓말을 했다고 토아스 왕에게 꾸며대고 "나를 파멸케 한 그리스 전체를 증오합니다."(1187행)라며 토아스 왕을 안심시킨다. 그리고 이방인들을 밧줄로 묶어서 바닷가로 데려가게 하며, 이 부정한 죄인들을 누구도 보아서

는 안 되니 모든 타우리스인들이 집밖으로 나오지 못하도록 한다. 토아스 왕 자신도 부정한 것을 보아서는 안 되니 눈을 가리고 신전 안에 머물도록 한다. 이렇게 탈출을 위한 만반의 준비가 신속하게 이루어지는 과정은 마치 쾌속선을 몰아가듯 '전진'의 모티프를 빠른 템포로 구사한다.

④ 이처럼 이피게니에의 지략에 순진하게 속아 넘어가는 토아스 왕의 모습은 어리숙한 미개인의 전형을 보여준다. 이 작품에서 중심인물은 이피게니에, 오레스트, 필라데스이며, 토아스 왕은 작품 마지막에야 등장해서 이들의 꾀에 넘어가는 주변적 인물로 그려진다. 이피게니에는 탈출계획을 세우고 나서 아르테미스 여신에게 "자비를 베푸시어 야만족의 나라에서 아테네로 가소서!/이곳에 거주하신다는 것은 그대에게는 어울리지 않는 일입니다."(1086~1087행)라며 여신상 탈취를 정당화한다. '문명'의 나라 그리스와 '야만족'의 나라 타우리스를 갈라놓는 이분법은 확고부동한 것이다. 작품의 거의 마지막에 이르러 이피게니에 일행의 탈출 시도가 들통 나자 토아스 왕은 "그들을 사로잡아 가파른 암벽에서 떨어뜨리거나/아니면 몸에 말뚝을 박자꾸나!"(1429~1430행)라고 불호령을 내린다. 이 잔인한 형벌도 타우리스가 야만족의 나라임을 거듭 강조하는 구실을 한다.

⑤ 토아스 왕이 추격대를 보내라고 명하자 아테네 여신이 신전 위에 나타나서 토아스 왕을 제지한다. 고대 그리스 비극에서 유명한 '기계신'(deus ex machina)의 출현이다. 아테네 여신은 이피게니에 일행 뿐 아니라 신전의 시녀로 일하는 모든 그리스 여인들도 돌려보내주라고 토아스 왕에게 명한다. 그리고 이피게니에가 귀향하면 신전을 세워서 타우리스에서 찾아온 아르테미스 여신상을 모시고 이피게니에가 사제를 맡으라고 명한다. 신의 힘으로 구원받았으니 평생 신을 섬기고 봉사해야 한다는 것이다. 토아스 왕은 아테네 여신의 명령에 순종하면서 이렇게 말한다.

> 아테네 여신이시여, 신들의 말씀을 듣고도
> 복종하지 않는 자는 어리석은 인간입니다.
> 나는 오레스트가 우리에게서 여신상을 훔쳐간다 해도
> 화내지 않을 것이며, 그의 누이에게도 화내지 않을 것입니다.
> 그토록 막강한 신들과 싸운들 무슨 소용이 있겠습니까?(1475~1479행)

토아스 왕이 '신들의 말씀을 듣고도/복종하지 않는 자는 어리석은 인간입니다.'라며 아테네 여신의 명에 순종하는 것은 '야만족'의 왕이 그리스적 가치관과 규범을 받아들여 무지몽매한 '어리석음'으로부터 벗어나는 '개종'과 '문명화'의 과정을 보여주는 것이다. 작품의 대미에서 그리스 중심주의가 다시 정당화된다.

아테네 여신의 개입으로 이피게니에 일행의 안전한 귀향이 보장되는 작품 결말은 아르테미스 여신상을 찾아오라는 아폴로 신의 신탁에 따라 오레스트와 필라데스가 타우리스에 도착한 시작 부분과 연결되어 작품의 완결성을 뒷받침한다. 드라마의 사건전개는 신탁이 부과한 임무를 완수하려는 최종목표에 집중된다. 그 목표를 이행하는 과정에서 탄탈로스 일족의 마지막 후예인 이피게니에는 친동생을 제물로 바칠 뻔한 위기를 맞지만, 외적 장애요인을 극복함으로써 대대로 내려오던 친족살해라는 운명적 저주의 굴레에서 벗어나게 된다. 하지만 그 과정에서 아테네 여신의 도움으로 결정적 난관을 극복하기 때문에 귀향에도 불구하고 가족의 품으로 돌아가지 못하고 다시 신의 뜻에 따라 고향 그리스에서 사제의 직분을 수행해야 한다. 그것이 신의 이름으로 그녀에게 부과된 불가역의 운명이다. 이로써 애초에 이피게니에는 트로이 전쟁 출정과 전승을 기원하기 위해 신에게 제물로 바쳐졌던 운명의 자장에서 벗어나지 못하고 운명에 순응해야만 한다. 그것은 단지 아테네 여신의 뜻이기 이전에 그리스 국가 공동체의 전쟁승리를 위해 이피게니에를 제물로 바쳤던 행위를 최종적으로 정당화하는 의미를 갖는다. 그런 점에서 에우리피데스의 작품은 그리스 국가 공동체가 그 구성원들에게 부과하는 신성한 의무를 누구나 자신의 운명으로 받아들여야 한다는 정치적 함의를 갖는다. 신탁의 이행과정에서 타우리스라는 야만족의 나라가 결정적인 '외적' 장애요인으로 설정된 것도 범그리스의 '내적' 결속을 다지려는 그러한 국시(國是)에 상응하는 것이라 하겠다.

(3) 괴테의 『타우리스의 이피게니에』

에우리피데스의 극중 인물들은 외부에서 닥쳐오는 장애와 시련을 극복하기 위해 분투하기 때문에 내면적 갈등을 겪지 않는다. 어머니를 죽인 오레스트조차도 다른 극중 인물을 통해 그의 광기 발작이 묘사되긴 하지만, 신탁을 이행하기 위해 행동할 때는 당당하고 고결한 그리스 영웅의 기상을 보여주는 것이다. 이와 달리 괴테의 『이피게니에』에 등장하는 인물들은 극심한 내면적 갈등을 겪는데, 갈등의 주된 요인은 '양심'과 '인륜'이라는 '마음의 법'이다. 에우리피데스의 극중 인물들은 신성한 신탁의 이행을 위해서는 수단과 방법을 가리지 않는다. 반면에 괴테의 극중 인물들은 무조건 신탁을 이행하는 데 급급하지 않고 신탁의 이행수단이 과연 양심과 인륜에 합치되는가를 진지하게 따지기 때문에 내적 갈등에 빠져드는 것이다. 쉴러가 지적한 대로 무대공연이 어려울 정도로 사건전개가 지체되는 것도 내면적 갈등에 따른 당연한 귀결이다.

① 먼저 쉴러가 가장 문제적이라고 했던 오레스트를 살펴보자. 에우리피데스의 작품에서와는 달리 괴테의 작품에서 복수의 여신이 가시적으로 드러나지는 않는다. 하지만 그 대신 오레스트의 광기는 훨씬 더 고통스럽게 묘사된다. 오레스트는 격렬한 죽음충동에 사로잡혀 있으며, 이피게니에가 그의 누나라고 신원을 밝혀도 자신의 광기를 달래기 위해 거짓말을 하는 거라고 오해한다. 그리고 어서 자신을 제물로 바치고 누나도 이승에 미련을 갖지 말고 뒤따라 저승으로 내려오라고 탄식하면서 기절한다. 에우리피데스의 오레스트는 자기 혼자 살아서 돌아가면 고향 그리스에서 사촌을 사지로 내몰고 비겁하게 혼자 살아왔다고 수모를 당할 테니 차라리 자신이 죽겠다고 말한다. 그는 사촌동생 필라데스에 대한 의리와 자신의 명예를 지키기 위해 죽음을 자청하는 것이다. 반면에 괴테의 오레스트는 친모를 살해한 죄의식과 고통을 견디지 못해 죽고 싶어 한다.

기절에서 깨어난 오레스트는 여전히 광기에서 벗어나지는 못한 상태에서 이미 저승세계에 와있다고 착각하며, 친족살해로 죽은 조상들의 환영(幻影)을 본다. 에우리피데스 드라마의 서두에 나오는 이피게니에의 꿈 장면을 연상케 하는 이 허깨비들의 세계에서 뜻밖에도 조상들은 서로 화목하게 지내고 있으며, 어머니와 아버지도 다정하게 손을 잡고 있다. 그러자 오레스트는 "당신들의 아들을 보십시오!

아들을 환영해주세요."[5](1295행)라고 하소연한다. 이어서 시조 할아버지 탄탈로스를 찾아가는데, 탄탈로스는 신들의 벌을 받아 마치 프로메테우스처럼 단단히 결박되어 있다.

> 슬프도다! 신들이 시조 할아버님을 잔인하게
> 벌주려고 그 영웅의 가슴을 열고
> 쇠사슬로 단단히 동여맸구나.(1307~1309행)

다른 조상들이 모두 화목하게 지내는 상황과 결부지어 보면, 이 가문의 역사가 그 시조인 탄탈로스에서부터 다시 씌어져서 후손들에게 저주가 내리지 않기를 기원하는 간절한 염원을 담은 것이라 하겠다. 하지만 이미 지나간 과거를 돌이킬 수는 없으므로 오레스트 자신이 누대의 저주를 풀어야 한다는 요청을 환기하는 장면이라 할 수 있다. 불행한 과거에 대한 기억을 반면교사로 삼아 미래의 희망을 염원하는 것이므로 회상의 모티프와 예견의 모티프가 겹쳐 있는 형국이다.

그러나 바로 다음 장면에서도 오레스트는 여전히 저승에 와있다는 환상에서 깨어나지 못하며, 이피게니에와 필라데스를 보자 이들도 저승에 와있다고 착각한다. 그러자 이피게니에는 아폴로 신과 그 오누이 아르테미스 여신에게 "오

---

5) 인용은 다음 번역에 따름. 윤도중 역, 『괴테 고전주의 희곡 선집』, 집문당 1996.

누이 신들이시여, 저희 오누이를 구해주소서!"(1320행)라고 기도를 올리며, 필라데스 또한 "형을 아직 살아 있는 채로 단단히 붙잡고 있는/아우와 누님의 손길을 느낍니까?"(1334~1335행)라며 오레스트를 흔들어 깨운다. 이윽고 오레스트가 광기에서 벗어나 "자유로운 마음으로 난생 처음/누님의 품에 안겨 순수한 기쁨을 맛보게 해주세요!"(1341~1342행)라고 외치며 제 정신으로 돌아오고, 이로써 오레스트의 광기는 깨끗이 치유된다.

오레스트의 광기가 치유되는 과정은 300행이 넘게 길게 서술되어 극적 사건의 전진을 지체시키므로 관객에겐 지루하게 느껴질 수도 있다. 그렇지만 에우리피데스의 작품에는 나오지 않는 치유과정은 괴테의 작품에서 마지막에 파국을 피하고 화해의 결말을 유도하는 데 결정적인 역할을 한다. 작품 마지막 무렵에 오레스트와 필라데스는 도망쳤다가 다시 잡혀온다. 이피게니에는 토아스 왕에게 남매간의 정을 봐서 살려달라고 하소연하여 '탈주'의 죄는 사면을 받는다. 하지만 토아스 왕이 '여신상'을 훔친 죄는 용서할 수 없다고 하자 오레스트가 왕에게 결투를 신청하여 파국의 위기를 맞게 된다.

이 절체절명의 위기상황에서 오레스트는 아폴로의 신탁을 새롭게 해석하여 위기를 모면한다. 아폴로 신은 타우리스에 머물고 있는 '누이'를 다시 데려오면 저주가 풀릴 거라고 예언했는데, 지금까지는 아폴로 신의 누이 아르테미스 여신의 신상을 찾아오라는 뜻으로 이해했다. 하지만 오레스트가 누나 이피게니에를 알아보고 남매가 감격의 재회를 하면서부터 자신의 광기가 치유되었으므로 아폴로 신이 말한 '누이'는 '여신상'이 아니라 자신의 친누나 이피게니에를 가리킨다는 것이다. 신탁에 대한 이러한 탈신화적 · 계몽적 해석은 오레스트가 숙명의 저주에 의한 치명적 광기로부터 온전히 치유되어 신의 명령보다 자매간의 사랑이 무엇보다 소중하다는 인간적 깨달음에 도달했기 때문에 가능한 일이다. 고대 비극이 신탁을 맹종하여 여신상을 찾아오는 것을 지고의 목표로 삼았다면, 괴테는 신화의 미망에 갇혀 있는 그러한 우상숭배를 허물고 숙명의 저주에서 풀려날 수 있는 유일한 해결책은 바로 인륜의 도리를 다하는 것이라는 휴머니즘의 메시지를 전하고 있는 것이다.

② 이피게니에의 성격과 역할은 에우리피데스의 작품과 더욱 뚜렷이 대비된다. 그녀는 토아스 왕을 설득하여 이방인들을 제물로 바치는 오랜 관습을 중단시켰다. 중요한 것은 이피게니에가 사제의 권위로 타우리스의 율법인 그런 악습을 중단시킨 것이 아니라 인륜에 호소하여 토아스 왕을 설득했다는 사실이다. 이로써 토아스 왕은 더 이상 야만족의 왕이 아니라 이피게니에와 대등한 인격적 지위를 인정받는 셈이다.

이를 뒷받침하는 또 다른 중요한 차이는 토아스 왕이 이피게니에한테 청혼을 하고 있다는 사실에서 확인된다. 이피게니에는 사람을 제물로 바치는 악습을 중단시킴으로써 전쟁의 참화를 겪고 난 타우리스 백성들에게 새로운 평화를 정착시키는 여사제로서 신망을 얻고 있다. 따라서 그녀가 이방인이라는 사실은 이 혼사에 하등의 걸림돌이 되지 않는다. 또한 전쟁에서 아들을 잃은 토아스 왕은 왕통을 잇기 위해서라도 이 청혼을 성사시켜야 할 입장이다. 토아스 왕 자신의 고백을 빌리면 전란을 겪고 나서 민심이 흔들리는 상황이므로 이 혼사는 그에게 왕권의 존립이 달린 절박한 문제이기도 하다. 이피게니에의 입장에서도 토아스 왕에게 입은 은혜는 그의 청혼을 받아들이기에 모자람이 없어 보인다. 어떻든 이방인인 자신에게 자비를 베풀어 목숨을 구해주었을 뿐 아니라 그녀의 요구를 받아들여 타우리스의 정체성을 상징하는 이방인 살해와 제물봉헌의 오랜 관습까지 바꾸어 놓았다면 토아스 왕의 관용정신은 이미 입증된 셈이기 때문이다.

이 모든 사정을 잘 아는 이피게니에가 청혼을 받아들이지 못하는 것은 당연히 타우리스의 왕비가 되어 누릴 영화보다 풍비박산이 난 가족사의 고통이 여전히 더 큰 무게로 짓누르기 때문이다. 이피게니에는 청혼을 수락할 수 없는 결정적 논거로 자신이 친족살해의 저주를 받는 탄탈로스 일족의 후예임을 밝히는데, 길게 이어지는 그 장면은 드라마의 대사라기보다는 서사시의 이야기에 가깝다. 에우리피데스의 작품에서 짧게 주고받는 대사가 극적 사건의 신속한 전진에 기여하는 것과 달리 괴테의 작품에서는 전반적으로 긴 호흡의 대사가 사건을 지체시키는 측면이 두드러진다. 가족사의 내력을 밝힌 이피게니에는 아직 저주가 풀리지 않은 상황 자체가 곧 신들이 이 결혼에 동의하지 않는다는 계시임을 강조한다.

이피게니에: 그러나 소녀는 신들이 동의하지 않는 이 결합을 맺지 말라는 확고한 신념을 주신 신들에게 감사합니다.
토 아 스: 그렇게 말하는 것은 신이 아니라 그대의 마음이오.
이피게니에: 신은 우리 인간의 마음을 통해서만 인간에게 말씀하옵니다.(490~494행)

이피게니에가 신들의 이름으로 결혼 불가의 뜻을 밝히지만 토아스는 그것이 신의 이름을 빌린 핑계일 뿐이며 '그대의 마음'이 문제라고 반박하는 것이다. 그리스 신들의 영향권에서 자유로운 토아스 왕이 오히려 더 진솔한 인간적 감정을 표현하고 있는 상황이다. 신들이 '인간의 마음'을 통해서만 인간에게 말한다는 이피게니에의 대답 역시 사실상 토아스 왕의 말을 시인하는 셈이다. 두 사람 사이의 긴 설전에도 불구하고 이피게니에가 끝까지 설득되지 않자 결국 토아스 왕은 역정을 내면서 사람을 제물로 바치는 관습을 되살리겠다고 최후의 카드를 꺼낸다. 때마침 두 명의 이방인들, 즉 오레스트와 필라데스가 잡혀 있으므로 이 청혼은 동생의 생사와 직결된 문제이기도 하다.

오레스트를 알아본 이피게니에는 동생과 필라데스를 몰래 풀어주어서 도망하게 하는데, 에우리피데스의 경우와 달리 이 과정에서 탈출계획을 짜는 것은 필라데스이다. 더 중요한 차이는 이피게니에가 양심의 가책 때문에 토아스 왕에게 거짓말을 하지 못하고 모든 사실을 털어놓는다는 것이다. 에우리피데스의 이피게니에가 교묘한 거짓말로 토아스 왕을 따돌리는 것과 달리 괴테의 이피게니에는 동생의 목숨이 경각에 달려있음에도 순수한 양심에 따라 행동하는 것이다. 토아스 왕에 대한 인간적 신뢰가 그만큼 깊다는 뜻이다. 실제로 토아스 왕을 '두 번째 아버지'라 부르는 그녀는 "깨끗한 마음과 깨끗한 손으로 고국에 돌아가/제 집안의 죄를 씻게 해주옵소서."(1968~1969행)라고 선처를 호소하여 토아스 왕의 분노를 가라앉힌다. 정직한 양심으로 사실을 털어놓았으니('깨끗한 마음으로') 피의 제물을 바치지 않고('깨끗한 손으로') 귀향할 수 있게 해달라는 양심적 인간애의 호소가 토아스 왕의 마음을 움직이는 것이다.

다시 잡혀온 오레스트가 토아스 왕과의 결투 위기를 모면하는 과정은 이미 살펴본 바와 같다. 세 사람의 귀향을 허락해주는 토아스 왕에게 이피게니에는 이렇게 말한다.

전하의 백성 가운데 가장 미천한 자가
언제라도 제 고향에 와서 여기서 익히 들었던
스키타이어를 제 귀에 들리게 한다면, 그리고
그 불쌍한 자가 입은 옷이 스키타이 복장임을
보게 되면 그자를 신처럼 영접하겠나이다.
소녀가 직접 잠자리를 마련해줄 것이며
그를 불가의 의자에 앉게 해서 오로지
전하의 안부만을 묻고 또 물을 것이옵니다.(2158~2165행)

토아스 왕의 치하에 있는 아무리 미천한 자도 '신처럼 영접'하겠노라는 말은 토아스 왕에 대한 지극한 충정과 순정한 인간애의 표현이다. 남매의 목숨을 살려주어 꿈에 그리던 귀향을 가능하게 하고 누대에 걸친 죄를 씻게 해주었으니 토아스 왕의 너그러운 관용이야말로 신탁보다 더 소중한 인간적 미덕, 순수한 인간성의 승리인 것이다. 이로써 타우리스는 더 이상 '야만족의 나라'가 아니라 그리스인들에게도 관용을 베풀 줄 아는 대등한 인격자들의 공동체가 된다. 고대 그리스 문학과 예술을 고전주의의 미적 이상으로 추구하면서도 뿌리 깊은 그리스 중심주의를 넘어서는 보편 인간적 가치를 옹호하는 데서 고전 비극의 소재를 재창조한 괴테 문학의 새로움을 찾을 수 있다.

괴테 작품의 이러한 결말은 쉴러가 말한 대로 비극의 결말에 어긋난다. 전통적인 비극은 인간의 힘으로는 감당할 수 없는 파국적 상황을 설정하지만, 괴테의『이피게니에』는 오로지 인간의 척도로 파국적 위기를 극복하기 때문이다. 사실 이 작품은 '비극'이 아니다. 괴테가 이 작품에 붙인 '샤우슈필'(Schauspiel)이라는 장르는 "엄격히 규칙에 따르는 닫힌 형식의 드라마와 달리 열린 형식이나 서사적인 극 형태"를 가리키며 "비극적인 갈등이 파국으로 끝나지 않고 인물의 성격이나 다른 내적 상황을 통해 갈등이 해결되는" 특성을 보여준다(『용어사전』, 286). 에우리피데스의 작품이 전통적인 운명비극이라면 괴테의 작품은 근대적인 성격극에 해당되는 것이다.

V.

문학 작품론

1. 괴테의 「발라드」와 발라드의 미학

흔히 '담시'(譚詩)로 번역되는 발라드(Ballade)는 극적인 이야기를 대화체를 활용하여 서술하는 시의 한 장르이다. 괴테는 1820년 자신이 발간하는 문예비평지 『예술과 고대문화』 II권 2호에 「발라드」를 발표하고서 『예술과 고대문화』 바로 다음 호에 「발라드」에 대한 '고찰과 해석'이라는 글을 발표하였다. 자신의 시에 대한 '고찰과 해석'에서 괴테는 발라드 장르에 대한 자신의 견해를 간결하게 정리하고 있는데, 그 주요 논지는 다음과 같다(FA 21, 39~41 참조).

- 발라드는 진기한 소재를 신비롭게 다룬다.
- 발라드의 신비로움은 낭송방식에 연유한다.

- 발라드의 가인(歌人)은 의미심장한 사건과 등장인물들, 그들의 행적을 노래한다.
- 발라드는 서정적, 서사적, 극적 양식을 모두 사용할 수 있으며, 특히 후렴구는 중요한 시적 기능을 한다.
- 발라드에는 문학의 기본형식들이 분리되지 않고 '원형적인 알'(Ur-Ei)처럼 생생하게 결합되어 있어서 그 알이 '부화'되어 상상력의 날개를 펼친다.
- 모든 민족의 발라드는 서로 소통되고 이해될 수 있다.

괴테의 「발라드」는 그 제목에서 이미 발라드의 장르적 특성을 강하게 의식하고 쓴 것임을 알 수 있다. 「발라드」는 그 소재를 영국의 토마스 퍼시(Thomas Percy)가 펴낸 『고대 영국 시의 유품』(1765)에 수록된 거지 가인의 딸 이야기에서 취한 것으로 알려져 있다. 모두 11연으로 구성된 「발라드」에서 서술되는 이야기를 간추려보면 다음과 같다(『시 전집』, 512~516 참조).

1연: 숲속에 있는 기사의 성에서 아버지가 사냥을 나가고 어머니가 기도를 하고 있는 사이에 어린 두 아들이 늙은 유랑 가인을 집안으로 맞아들여서 옛날 이야기를 노래해달라고 조른다.

2연: 유랑 가인이 이야기를 노래하기 시작한다. 한밤중에 어느 백작이 어린 딸을 품에 안고 자기 성에서 도망친다.

3연: 백작은 구걸하는 가인으로 떠돌면서 딸을 키운다.

4연: 많은 세월이 흘러 딸이 아름답고 고결한 처녀로 자랐다.

5연: 어느 기사 왕이 딸에게 청혼하여 결혼하고, 딸은 왕비가 된다.

6연: 아버지와 딸이 이별을 슬퍼하고, 아버지는 멀리 있는 딸과 손자들을 그리워한다. 여기서 유랑 가인은 "나는 딸 생각을 했지"라며 이야기의 주인공이 바로 자기 자신임을 밝힌다.

7연: 가인은 아이들에게 축복을 해준다. 이로써 아이들이 가인의 외손자들이고 아이들 어머니가 곧 가인의 딸임을 암시한다. 하지만 아이들과 어머니는 그런 사실을 모르며, 사냥에서 돌아온 기사 왕은 가인에게 왜 아이들을 꼬드기느냐고 몹시 화를 내면서 가인을 투옥한다.

8연: 기사 왕은 가인에게 '거지 족속'이라 욕을 퍼붓는다.

9연: 기사 왕은 '거지 아낙이 거지 족속을 낳아주었다'고 부인과 아이들을 비하한다.

10연: 드디어 가인이 말문을 열고, 이 성이 한때 바로 자신의 성이었으며 기사의 일족이 자신을 이 성에서 몰아냈음을 확인시켜준다.

11연: 가인은 '합법적인 왕이 돌아왔다'라며 자신의 왕권

> 회복을 선언하지만, 곧이어 기사 일족의 죄를 사면해주고 기사가 자신의 왕권을 계승하는 '아들'임을 승인해준다.

이러한 사건전개는 서사시와 드라마의 구조를 동시에 함축하고 있다. 백작이 권좌에서 쫓겨나고 오랜 세월 동안 타지를 방랑하다가 귀향하여 왕권을 회복하는 방랑과 귀향의 서사는 『오디세이』를 떠올리게 한다. 백작이 거지로 떠돌다가 귀향하는 것도 거지 행세를 하며 귀향하는 오디세이의 귀향과 겹쳐진다. 서술방식 역시 서사시의 전통을 잇고 있다. 액자 형식으로 구성된 이야기에서 유랑 가인은 자신이 과거에 겪었던 일을 노래로 들려준다. 가령 『오디세이』에서 그러하듯 등장인물의 과거 행적을 이야기하는 서술방식을 취하고 있는 것이다. 다만 「발라드」에서는 유랑 가인 자신이 화자의 역할을 겸하고 있기 때문에 본래적 의미의 서사적 화자의 역할은 최소한으로 축소되고, 6연까지는 별도의 화자가 등장하지 않고 가인의 노래만 이어진다.

6연까지의 '서사적 동화'에서 이야기의 극적 절정은 5연에서 기사 왕이 유랑 가인의 딸에게 청혼을 하고, 이어서 6연에서 결혼식을 올리는 대목이다. 거지로 유랑하는 백작은 딸에게 청혼한 기사 왕이 자신을 몰아낸 가문의 일족임을 알아보지 못하는데, 자신의 운명을 예감하지 못한 채 중대한 오판을 범하는 비극 주인공의 '결함'에 해당된다. 그러한 오판 때문에, 아니 오판 덕분에 딸이 '왕비'가 되는 행운을 얻지만, '행운의 여신은 눈이 멀다'라는 라틴어 경구처럼 그 행운은 눈먼 우연의 소산이다. 주인공의 운명을 판가름하는 그런 우연 역시 전통적 비극의 핵심요소이다.

그런데 작품 전체를 놓고 볼 때 가인이 기사 왕의 신원을 알아보지 못하는 장면은 미스터리로 남는다. 괴테가 발라드에는 뭔가 '신비로운 요소'(etwas Mysteriöses)가 있다고 했을 때의 바로 그 미스터리이다. 작품을 처음부터 끝까지 다시 읽어보면 유랑 가인은 이 작품에서 벌어지는 사건의 전모를 꿰뚫고 있는 전지적 화자이다. 자기 딸과 결혼한 기사 왕이 한때 자신의 성을 차지하고 있다는 사실을 뻔히 알고 있다는 것은 당연하다. 그리고 기사 왕이 사냥을 나가고 없는 사이에 때맞추어 아이들을 찾아왔을 거라는 짐작도 가능하다. 또한 방방곡곡을 떠돌아다니는 유랑 가인은 온 사방의 사정에 밝은 최고의 소식통으로서, 실제로 각지의 소식을 유통시키는 메신저의 역할을 겸했던 것도 역사적 사실이다. 그런 유랑 가인이 과연 기사 왕이 자신을 몰아낸 가문의 핏줄임을 몰랐을까? 유랑 가인의 노래에 몰입해서 노래하는 속도를 따라가야 하는 청중의 입장에서는 이 의문은 풀리지 않는 수수께끼로 남는다. 하지만 청혼 장면을 자세히 읽어보면 유랑 가인이 기사 왕의 신원을 알 수도 있겠다는 희미한 암시가 나온다.

'내가 원하는 건 그녀요.'라고 왕이 외친다. '평생토록!'
'알아보시는군요.'라고 노인이 대꾸한다. '이 소중한 아이를
왕비로 드높이고자 하신다면
약혼을 하도록 하시지요, 푸르러지는 곳에서.'
아이들, 아이들은 이야기 듣기를 좋아하지요.

유랑 가인이 '알아보시는군요.'라고 하는 것은 딸이 비록 거지 행색이지만 고귀한 핏줄을 타고났음을 알아본다는 말이다. 그런데 혼례 장소가 '푸르러지는 곳'이라 언급되므로 숲속에 있는 백작의 성을 가리키는 것은 아닐까 하는 상상을 해볼 수 있다. 그런 상상이 맞다면 유랑 가인은 원수 집안의 자제를 사위로 선택한 셈이다. 이런 시나리오가 성립된다면 유랑 가인은 딸에게 고귀한 귀족의 신분을 복권시켜줌과 동시에 가장 안전한 피난처를 마련해준 셈이다. 물론 딸의 신원이 비밀에 부쳐질 때까지만 안전한 피난처이다. 하지만 유랑 가인이 등장해서 과거사를 들춰내고 있는 형국이므로 유랑 가인과 딸과 아이들의 관계가 차츰 드러날수록 위기상황을 초래할 수밖에 없다.

6연 마지막에서 유랑 가인은 "그 애들에게 나는 밤에도 낮에도 축복을 하지."라고 노래하며, 이어서 7연 시작 부분에서 실제로 아이들에게 축복을 해준다. 그 장면에서 처음으로 등장인물이 아닌 서사적 화자가 서술한다.

노인은 아이들을 축복해준다. 그때 대문이 삐걱거리고,
아버지, 아버지가 오셨다! 아이들은 튀어 나가고,
아이들은 노인을 숨기지 못하네 —

이처럼 유랑 가인이 자기 신원을 밝힘으로써 극적 갈등은 고조된다. 서사시적 요소는 후퇴하고 사건은 극적 파국으로 치닫는다. 사냥에서 돌아온 기사는 불같이 화를 내고 가인을 투옥할 뿐 아니라, 아내와 아이들을 '거지 족속'이라 내치는 것이다. 9연에서 기사가 부인과 아이들을 '거지 아낙'과 '거지 족속'이라고 폄하하는 대목에서 위기는 절정에 이른다.

이어서 10연에서 노인은 일찍이 도피할 당시 숨겨놓았던 보물을 되찾고 자신이 이 성의 주인임을 입증한다. 이로써 가인과 딸과 아이들의 관계가 완전히 밝혀지지만, 이와 동시에 노인의 딸과 손자들은 다시 남편과 아버지를 잃을 위기에 직면한다. 하지만 괴테가 아리스토텔레스 비극론의 카타르시스를 '화해적 완결'이라 해석한 것과 마찬가지로 작품의 대미를 장식하는 11연은 바로 그런 화해적 완결로 마무리된다.

"합법적인 왕이 돌아왔으니
진실한 사람들이 빼앗겼던 행복을 돌려주노라
내가 보물의 인장을 풀겠노라."

그렇게 노인은 외친다, 다정한 눈길로
"너희에게 사면을 통고하노라.
기운을 차려라, 아들아! 일이 척척 풀리는구나
오늘 행운의 별들이 하나가 되니,
왕비께서 왕가의 혈통을 낳아주었구나."
아이들, 아이들은 이야기 듣기를 좋아하지요.

합법적인 왕의 귀환은 왕권을 박탈당하고 성에서 도망치는 데서 시작한 노래의 시작 부분과 맞물려서 이야기의 시작과 끝을 연결시키는 완결성을 보여준다. 그리고 진실한 사람들이 빼앗겼던 행복을 돌려주겠다는 것은 기사 왕이 '거지 아낙'과 '거지 족속'이라며 부인과 아이들을 내쳐서 파탄의 위기에 처한 가족을 결합시켜서 행복을 되찾아주겠다는 말이다. 따라서 바로 다음 행에서 '보물의 인장'을 풀겠다는 말은 단지 숨겨두었던 보물 상자를 열어서 베풀어주겠다는 것 이상의 상징적 의미를 갖는다. 봉인된 보물 상자는 백작 노인과 기사 가문의 적대관계에 대한 기억을 간직하고 있는 기억상자라 할 수 있다. 따라서 기사와 백작의 딸은 그러한 원수지간의 과거사에 얽매여 있는 한 부부관계의 파탄 위기에 직면하게 된다. 보물 상자의 '봉인'은 그런 의미에서 두 사람의 운명에 각인된 '숙명적 봉인'이라 할 수 있다. 따라서 '합법적인 왕'이 그 '봉인'을 풀겠다는 것은 선대의 적대관계를 풀겠다는 의미이다. 그것이 딸과 손자들 그리고 '아들'(사위)에게 빼앗겼던 행복을 되돌려줄 수 있는 유일한 해결책인 것이다. '오늘 행운의 별들이 하나가 되니' 하는 말은 그처럼 인륜에 합당한 행위가 곧 천륜임을 일깨워준다. 기사 왕 역시 일찍이 거지 가인의 딸을 그 인품만 보고 왕비로 맞이했으니 백작을 내쫓았던 선대의 죄를 대속한 셈이며, 돌아온 '합법적인 왕'의 축복을 받을 자격이 있는 것이다.

발라드의 신비로움은 낭송방식에 연유한다는 괴테의 말은 작품에서 더 음미해볼 여지가 있는데, 특히 제1연 시작 부분에서 낭송방식의 신비로운 효과가 섬세하게 연출된다.

"들어오세요, 오 마음씨 좋은 분! 할아버지, 들어오세요!
여기 아래층 홀, 여기엔 우리들뿐이거든요
우리 문을 잠그기로 해요.
어머니는 기도하시고, 아버지는 숲에
가셨어요, 늑대들을 쏘려고요.
오 옛날이야기 노래해주세요, 자꾸 노래해주세요
저와 동생이 배우게요
오래 전부터 가인이 오시길 바랐거든요
아이들, 아이들은 이야기 듣기를 좋아하거든요"

작품 시작부에서 화자의 설명도 전혀 없이 아이들의 목소리로 이야기가 시작된다. 여기서 아이들이 가인에게 들려달라는 '옛날이야기'의 원문을 그대로 옮기면 '동화'이다. 그리고 2연에서도 아무런 설명 없이 곧바로 가인이 이야기 노래를 시작한다. 따라서 독자 또는 청중은 이 아이들의 눈높이에서 가인이 노래하는 '동화'를 들으며 몰입하게 된다. 이 작품에는 특히 극적 요소가 두드러진데, 위의 대사를 드라마의 시작 부분으로 이해하면 아이들에게 독특한 역할이 부여되고 있다는 점도 눈여겨 볼 필요가 있다. 드라마의 관점에서 보면 처음 3행은 무대의 막을 여는 무대지시문 같은 효과를 내기도 하며, 다른 한편 청중에게 공연장 안으로 들어오기를 청하면서 무대('홀')에 집중하기를 요청하는 뉘앙스로 이해될 수도 있다.

1연에서는 아이들의 대사에 포함된 마지막 행은 2연부터 6연까지 가인의 노래가 끝난 다음에 후렴구로 들어가서 "아이들, 아이들은 이야기 듣기를 좋아하지요."라고 반복된다. 2연은 "무서운 밤에, 무시무시한 두려움 속에서" 백작이 어린 딸을 외투로 감추어 도망치는 장면에서 시작되는데, 이야기의 생동감을 높이기 위하여 현재형으로 서술하는 것이 이채롭다.

"백작은 급히 작은 성문을 빠져나가는데
팔로 안은 건 무얼까?
외투 밑으로 얼른 감추는 건 무얼까?
저렇게 급히 먼 곳으로 나르는 게 무얼까?

그건 어린 딸이란다, 그런데 아기는 자고 있구나."
아이들, 아이들은 이야기 듣기를 좋아하지요.

6연에 이르면 거지 가인이 바로 백작임이 밝혀진다. 아이들 입장에서 보면 노래를 해주는 거지 가인이 한때 성주였다는 동화 같은 이야기가 눈앞에서 실화로 펼쳐지고 있는 것이다. 동화가 현실로 구현되는 기적을 경험하는 것이다. 이로써 이야기 듣기를 좋아하는 아이들은 호기심은 극대치로 충족된다. 바꾸어 말하면 이 작품의 사건은 아이들의 소망대로 구현되고 있는 것이다. 그런 의미에서 후렴구는 극적인 이야기의 추이와 분위기를 이끌어가는 구실을 한다. 다시 말해 아이들은 고대 서사시의 '뮤즈'와 같은 역할을 하는 셈이다. 괴테가 후렴구에 특별한 시적 기능이 부여된다고 한 것은 그런 의미로 이해할 수 있다.

그런데 7연에서 가인이 손자들에게 축복해주고 아이들 아버지가 나타나서 화를 내는 장면에서 후렴구는 마치 인물의 대사인 것처럼 살짝 변주된다.

"어찌하여 아이들을 꼬드기느냐! 이 거지야! 이 바보야!
이자를 붙들어라, 너희 무쇠 같은 형리들아!
가장 깊은 옥에 이 발칙한 자를 처넣어라!"
어머니가 멀리서 이 소리를 듣고
달려와 듣기 좋은 말로 애원한다 —

아이들, 아이들은 이야기 듣기를 좋아하지요.

아이들은 아직 할아버지를 알아보지 못하고 어머니 역시 아버지를 알아보지는 못하는 상태에서 후렴구는 이야기 듣기를 좋아하는 아이들의 순진무구함을 두둔하는 구실을 한다. 또한 아이들 아버지의 난폭한 언사는 아이들의 순진무구함과 대비된다. 이어서 8연에서는 어머니와 아이들이 기사 왕에게 선처를 호소하는데, 부인과 아이들이 '거지'를 편들자 기사 왕은 "이 천박한 족속아! 거지 족속아!/제후의 별들을 흐리게 하다니!/너희가 나의 멸망을 가져오는구나!" 라며 분노를 터뜨린다. 그리고서 "아이들, 아이들은 그런 이야기 듣기를 좋아하지 않지요."라는 후렴구가 이어진다. 사건이 아이들이 원하지 않는 방향으로 빗나가고 있음을 환기시키는 것이다. 그리고 부인과 아이들을 '거지 아낙'과 '거지 족속'이라 욕하는 9연에서도 똑같이 "아이들, 아이들은 그런 이야기 듣기를 좋아하지 않지요."라는 후렴구가 기사 왕의 폭력적 언사를 제어하는 구실을 한다. 그리고 이미 언급한 대로 화해의 완결로 마무리되는 10연과 11연에서는 다시 "아이들, 아이들은 이야기 듣기를 좋아하지요."라는 처음 후렴구가 반복된다.

아이들이 이야기 듣기를 좋아한다는 후렴구와 1연에서 아이들이 이야기에서 뭔가를 '배우고' 싶어 한다는 말의 의미를 화해적 결말과 관련하여 다시 음미해볼 필요가 있다.

이 발라드에 등장하는 아이들은 부왕의 왕권을 계승할 위치에 있다. 그런 측면에서 보면 이 아이들이 온전한 인간으로 성숙하는 것은 단지 권력을 승계하는 것만으로는 가능하지 않으며, 불구대천의 원수도 순수한 인륜의 도리로 용서하고 포용할 줄 아는 관용을 배울 때만 가능하다. 아이들이 이야기를 좋아한다는 후렴구는 그런 의미에서 권력의 논리와 폭력을 극복하는 '이야기'의 힘을 설파하고 있으며, 바이마르 고전주의의 인본주의 정신을 함축하고 있는 것이다.

마지막으로 이 발라드가 '노래극'의 성격을 띠고 있다는 점도 유의할 필요가 있다. 실제로 괴테는 이 작품을 오페라로 각색하고 싶다고 언급한 적이 있다. 괴테의 오페라 구상은 실현되지 않았지만, 그런 구상을 한 것은 이 작품의 수용방식을 고민했기 때문일 것이다. 이 작품은 등장인물의 대사를 노래 형식으로 표현하므로 청중 앞에서 공연하는 방식으로 수용될 때 시와 서사시와 드라마를 아우르는 발라드 장르의 종합적 성격이 가장 완벽하게 발현될 수 있다. 하지만 괴테 당대에는 물론 지금은 더더욱 이 작품은 '문자 텍스트'로 읽혀지는 방식으로 수용된다. 그렇게 보면 괴테의 「발라드」는 문자 매체가 발라드 장르 고유의 음송과 노래를 잠식해가는 매체적 전환에 맞서 발라드의 구연적(口演的) 전통을 되살리려는 시도라 할 수 있겠다.

2. 쉴러의 「만가」와 비가의 미학

만가

아름다움 또한 죽어야 하는구나! 아름다움은 인간과 신들의 마음을 사로잡으나
  저승 제우스의 무쇠 가슴은 움직이지 못하니.
딱 한번 사랑이 염라대왕의 마음을 누그러뜨렸으나
  저승 문턱에서 엄하게 선물을 다시 철회했다.
아프로디테도 아름다운 소년의 상처를 치유하지 못했으니
  멧돼지가 그 우아한 몸을 사납게 물어뜯었구나.
불사신 어머니도 신적인 영웅을 구하지 못하니
  트로이 성문 앞에 쓰러져 운명을 다했구나.
하지만 어머니는 네레우스의 모든 딸을 데리고 바다에서 솟아나와
  영광스런 아들을 애도하여 비탄의 노래 부른다.
보라! 그러자 신들도 울고, 여신들도 모두 우는구나
  아름다움이 스러진다고, 완전한 존재가 죽는다고.
사랑하는 이들의 입에서 만가로 불리는 것 또한 영광되니
  비천한 것은 선율도 없이 저승으로 떨어지기에.

이 시는 쉴러가 1799년에 집필하여 1800년에 발표했다. 시의 원제인 'Nänie'는 라틴어 naenia(혹은 nenia)를 독일어 식으로 옮긴 것으로, 원래 고대 로마 시대에 장례식에서

피리 반주에 맞추어 부르는 '만가'(輓歌, Klagelied)를 뜻했다. 더 거슬러 올라가서 고대 그리스에서는 원래 유명인사의 공적을 기리는 찬가를 뜻했는데, 호메로스의 『오디세이』에는 로마 시대와 마찬가지로 죽은 이를 애도하는 '만가'의 뜻으로 사용되는 대목이 나온다. 『오디세이』의 마지막 제24장(저승-속편)을 보면 죽어서 저승세계로 내려가 있는 아가멤논 왕이 그리스의 영웅 아킬레스가 전사해서 장례를 치렀던 이야기를 들려준다(『오디세이』 24장, 47~64행 참조). 그에 따르면 바다의 여신이자 아킬레스의 어머니인 테티스는 아킬레스가 전사하자 슬픔을 견디지 못해 아버지인 바다의 신 네레우스의 딸들(즉 테티스의 자매들)을 모두 데리고 나와서 슬프게 울었고, 이어서 문학과 예술을 관장하는 9명의 뮤즈 여신이 등장하여 아킬레스를 애도하는 '만가'를 불렀다고 한다. 호메로스는 뮤즈 여신들이 17일 동안 만가를 부르며 장례를 치르는 동안 인간들과 '불사의 신들'까지도 슬프게 울었다고 묘사한다. 위의 시에서 7~12행은 바로 그 대목을 상기시키고 있다.

이 시는 6음보(Hexameter)가 한 행을 이루고 5음보(Pentameter)가 두 번째 행으로 연결되는 비가(Elegie)의 형식을 취하고 있다. 2행씩 짝을 이루는 구성방식은 비가 외에도 주로 격언이나 교훈적 내용을 노래하는 경구시(Epigramm)의 형식이기도 하다. 이러한 내용적·형식적 특징을 종합해보면 이 시는 아름다움의 상실을 애도하는 비가라 할 수 있다. 아무리 아름다운 존재도 사멸할 수밖에 없음을 시의 시작 부분은 특히 강조하고 있다. 하지만 아름다운 존재의 죽음을 애도하는 노래는 길이 남으며, 그것이 곧 시와 예술의 사명이라는 것을 '격언'처럼 노래하는 것이 이 시의 핵심이다.

이 시는 시작 부분에서부터 쉴러 시의 주류를 이루는 사상시의 성찰적 특성을 고스란히 보여준다. "아름다움 또한 죽어야 하는구나!"에서 '아름다움'(das Schöne)은 특정한 개별적 대상이 아니라 보편적 개념으로 설정되어 있다. 생자필멸의 보편법칙에 예외가 없음을 강조하는 것이다. '또한'이라는 강조어는 지상의 만물과 마찬가지로 아름다움조차도 사멸할 수밖에 없음을 한탄한다. 아름다움은 인간과 신들의 마음을 사로잡을 정도로 막강한 힘을 발휘하지만 '저승의 제우스' 즉 저승의 신 하데스(Hades)의 차가운 마음은 움직이지 못한다. 이어지는 행들에서는 아름다움조차 사멸할 수밖에 없음을 보여주는 범례로 세 개의 신화적 소재를 언급하고 있는데, 구체적 이름을 밝히지 않음으로써 세 가지 사례의 개별적 일회성보다는 범례적 대표성을 강조하고 있다.

3~4행은 전설적 악사 오르페우스와 그의 애처 에우리디케의 신화이다. 알다시피 오르페우스는 사랑하는 부인 에우리디케가 독사에 물려 죽자 그녀를 잊지 못해 저승세계로 내려가서 하데스에게 애처를 돌려달라고 간청한다. 오

르페우스의 아름다운 리라 소리에 마음이 누그러진 하데스는 오르페우스의 청을 들어주지만, 저승세계의 문턱을 나설 때까지는 뒤따라가는 에우리디케를 돌아봐서는 안 된다는 조건을 붙인다. 하지만 오르페우스는 조건을 잊고 뒤를 돌아봄으로써 다시 에우리디케를 잃고 만다. 하데스의 마음을 움직인 예술의 위력에도 불구하고 끝내 아름다움을 되살리지는 못하는 비탄을 노래하고 있다.

5~6행은 미소년 아도니스 신화이다. 아도니스는 빼어난 용모로 미와 사랑의 여신 아프로디테와 페르세포네(하데스의 아내)의 총애를 받는다. 하지만 아프로디테가 아도니스를 독점하려 하자 이에 진노한 페르세포네는 전쟁의 신이자 아프로디테의 정부(情夫)인 아레스에게 아도니스에 대한 아프로디테의 사랑을 일러바치고, 아레스는 멧돼지로 변해 아도니스를 물어 죽인다. 미의 여신조차도 죽은 아름다움을 되살리지 못하는 것이다.

7~12행은 이미 언급한 대로 '신적인 영웅' 아킬레스의 죽음에 대한 애도이다. 아킬레스는 바다의 신 네레우스의 50명 딸들 중에 가장 아름다운 테티스와 인간 펠레우스 왕 사이에 태어난 아들이다. 신의 핏줄을 타고났지만 인간의 피가 섞여 있으므로 아킬레스 역시 죽음을 면하지 못한다. '불사신 어머니' 테티스는 아킬레스에게 전투에 나서지 말라고 경고하지만, 죽음을 불사하고 '운명을 다하는' 것이 곧 '신적인 영웅' 아킬레스의 '완벽한 아름다움'이다.

이상에서 살펴본 세 경우는 단계적으로 고양되는 방식으로 서술되고 있다. 오르페우스와 에우리디케의 신화는 인간의 죽음에 대한 인간적 애도의 성격을 띤다. 그에 비하면 아도니스의 죽음은 미의 여신 아프로디테의 애도로 고양된다. 그리고 '신적인 영웅' 아킬레스의 죽음은 '완벽한 아름다움'의 사멸이기에 그 비탄의 노래는 '신들과 여신들'의 마음을 사로잡아 그들도 울게 하는 것이다. 이로써 뮤즈 여신들의 '만가'는 후세에 길이 남는 예술작품으로 승화된다. 아름다움의 소멸에 대한 애도의 비가는 예술의 영원함을 기리는 찬가로 변용되는 것이다. 11행은 '보라!' 하는 영탄조의 명령어법으로 독자를 새로운 예술작품이 탄생하는 순간의 생생한 증인으로 끌어들인다.

세 가지 신화적 모티프는 문학사의 세 단계에 비견될 수도 있다. 오르페우스는 음악(문학과 예술)의 힘으로 삶과 죽음의 경계를 넘나든다. 호메로스의 오디세이가 저승으로 내려가서 그리스 영웅들의 혼령과 대화를 나누는 장면을 연상할 수 있다. 호메로스의 서사시와 마찬가지로 오르페우스의 음악은 삶과 죽음, 인간과 자연, 예술과 자연이 이원적으로 분리되지 않은 근원적 합일의 세계를 상징한다. 그 반면 아도니스와 아프로디테의 이야기는 인간의 운명과 신의 뜻이 분리된 세계를 보여준다. 아도니스의 아름다운 몸이 상징하는 자연미와 아프로디테가 상징하는 미의 이상은 이원적으로 분리된다. 신과 인간 사이에서 태어난 아킬레스는 유한한 인간의 운명과 무한한 신의 뜻을 다시 합치시키려는 숭고한 아름다움을 상징한다. 그러나 돌이킬 수 없이 사라진 신을 다시 불러낼 수는 없으므로 그 숭고미는 인간적 현실과 예술적 이상을 매개하려는 근대시인 쉴러의 예술적 지향을 가리키는 것이라 할 수 있다.

이 시에서 자연과 예술의 대립은 현실과 이상의 대립으로 나타난다. 자연적 존재인 인간의 아름다움은 시간 속에서 사멸하지만 그 죽음을 애도하는 비가의 예술은 아름다움의 이상을 추구하는 것이다. 신들의 마음까지도 사로잡는 예술의 이상은 인간이 영원히 추구하되 결코 궁극적 완성에는 도달할 수 없는 영원한 이상으로 남는다. 아름다움의 상실을 애도하는 이 비가는 비탄의 노래가 예술로 탄생하는 경위를 보여준다. 그런 점에서 이 시는 비가 장르의 발생사를 증언하는 '비가에 관한 비가'라 할 수 있다. 쉴러는 고대 그리스 문학과 현대문학을 비교한 『소박문학과 감상문학에 대하여』(1795/96)에서 비가의 장르적 특성을 이렇게 정의하고 있다.

> 자연이 상실되고 이상에는 도달하지 못한 상태일 때 자연과 이상은 애도의 대상이 된다. 또는 자연과 이상이 현실적인 것으로 표상될 때 자연과 이상은 기쁨의 대상이 된다. 전자에서 좁은 의미에서의 비가(Elegie)가 나오고, 후자에서 가장 넓은 의미에

서의 전원시(Idylle)가 나온다.(NA 20, 448)

호메로스의 서사시는 자연과 이상이 합일된 전원시적 요소가 두드러지다. 오디세이는 인간적 본성(자연)에 충실하게 행동하면서 자신의 운명을 개척하고, 인간적 한계에 부닥칠 때는 신의 인도에 따라 자기 운명의 주인이 된다. 그의 삶은 자연의 유기적 일부이며, 그가 마침내 자기 운명의 주인으로서 도달하는 이상향은 인간의 한계를 넘어선 초월적 세계가 아니라 그를 낳고 길러준 대지로의 귀향이다. 그러나 자연과의 소박한 일체감을 상실하고 지상에서 끝내 도달할 수 없는 이상을 추구해야 하는 근대의 시인은 비가의 시인이 될 수밖에 없다. 잃어버린 자연과 도달할 수 없는 이상에 슬퍼하며 비가를 불러야 하는 것이 근대 시인의 운명인 것이다.

마지막으로 이 시의 구조에 관해 간단히 언급하고자 한다. 이 시는 그림과 텍스트가 어우러진 우의화(寓意畵, Emblem)의 구조에 견주는 것이 학계의 일반적 통설이다. 17세기 바로크 시대에 유행했던 우의화는 맨 위에 작품의 '제목' 또는 '모토'가 나오고, 그 아래에 제목을 설명하는 '그림'이 들어가며, 그림 아래에 '설명문'이 들어가는 식으로 구성되어 있다. 그런 우의화의 구조를 대입해서 보면 "아름다움 또한 죽어야 하는구나!"라는 첫 구절은 '모토'에 해당되고, 신화적 사례들의 예시는 '그림'처럼 읽혀지며, 마지막 13~14행은 '설명문'에 해당된다고 볼 수 있다. 그렇지만 이런 설명방식은 우의화가 '그림'을 중심부로 포함하고 있다는 매체적 차이를 해명하지 못한다. 또한 쉴러의 「만가」에서 마지막 2행은 단순히 설명적 기능을 한다기보다는 앞에서 서술한 내용에 대한 성찰적 추론의 결과라 보는 것이 더 적절하다.

그런 이유에서 이 시의 수사적 구조가 추모시(Trauergedicht)와 유사하다는 새로운 해석도 있다(Osterkamp, 2008:295). 추모시의 첫 부분에는 고인의 행적에 대한 칭송이 나오고, 그 다음에 애도가 이어지며, 마지막에는 고인의 유족에 대한 위로가 나온다. 그런 관점에서 보면 「만가」의 첫 부분에는 '인간과 신들의 마음을 사로잡는' 아름다움의 위력이 예찬되고, 그 다음에 그런 아름다움의 죽음에 대한 애도가 이어지며, 마지막에 그 애도의 노래가 비가 예술로 탄생하는 '위로'가 나온다고 할 수 있다. 이 시가 쉴러적 의미에서 '비가'의 특성을 고스란히 보여주는 작품임을 감안할 때 '추모가'의 전통에서 이해하는 것이 더 설득력이 있어 보인다.

3. 괴테의 『빌헬름 마이스터의 수업시대』: 교양소설과 사회소설

(1) 머리말

괴테가 이탈리아 여행에서 돌아온 이후 1795년부터 이듬해까지 집중적으로 집필한 장편소설 『빌헬름 마이스터의 수업시대』(Wilhelm Meisters Lehrjahre, 1796)는 독일 문학사에서 교양소설(Bildungsroman)의 고전적 전범으로 간주된다. 교양소설이란 일반적으로 "한 인간이 공동체 안에서의 자신의 과업을 긍정적으로 받아들이고 그것을 완수할 수 있는 성숙한 인격체에 이르기까지 겪는 내적 발전의 과정을 형상화하는 소설"(『용어사전』, 273)로 정의된다. 다시 말해 사회에 첫 발을 내딛는 젊은이가 다양한 현실경험과 인간적 교류를 통해 인격적으로 성숙하고 사회가 요구하는 과제를 자기 삶의 목표로 받아들이는 과정을 형상화한 소설이다. 작품의 제목에 들어 있는 '수업시대'라는 말의 유래를 살펴보면 교양소설의 의미를 좀 더 쉽게 이해할 수 있다. '수업시대'란 원래 중세 이래 수공업 조합 제도에서 특정한 수공업 기능을 배우기 시작하는 초보적인 수업단계를 가리키며, 이 수업과정에 있는 사람을 '도제'(Lehrling)라 일컫는다. 수업시대를 거친 다음 단계에는 좀 더 전문적인 기능을 익히고 실습하는데, 이러한 전문적 수련과정에 있는 사람을 '직공'(Geselle)이라 부른다. 그러한 전문적 수련과정을 다 마치면 해당 분야에서 (지금 한국에서 '기능장'이라 칭하는) 장인(丈人) 즉 '마이스터'가 되어 비로소 자기 명의로 독자적인 영업을 할 수 있는 자격증을 얻게 된다.

수공업 조합 제도의 이러한 단계적 수련과정을 작품의 제목과 비교해보면 소설 주인공의 이름은 '마이스터'이지만 그의 '수업시대'를 다루고 있다는 괴리가 눈에 띈다. 다시 말해 이 소설의 주인공은 아직 '마이스터'로 성숙하지 못했으며, 이제 겨우 초보적인 사회경험을 쌓고 있는 중이다. 아직 교양의 목표에 온전히 도달하지는 못한 상태이다. 따라서 앞에서 인용한 교양소설의 정의를 이 작품에 액면 그대로 적용할 수는 없다. '공동체 안에서 자신의 과업을 완수할 수 있는 성숙한 인격체'가 되는 것은 교양의 궁극적 목표를 가리키기 때문이다. 실제로 소설이 끝날 때까지 주인공이 과연 공동체 안에서 어떤 과업을 자기 삶의 목표로 설정하는지 분명히 드러나지 않는다. 주인공이 과연 온전한 인격체로 성숙했는지도 의구심을 자아낸다.

이런 이유에서 『빌헬름 마이스터의 수업시대』에 대한 해석은 크게 두 갈래로 나뉜다. 작품 발표 이후 20세기 전반기까지는 대체로 이 소설이 독일 고전주의가 지향하는 교양의 이상을 구현한 것으로 평가해왔다. 하지만 이러한 주류적 해석과 달리 20세기 중반 이후로는 주인공이 추구하는 교양의 이상과 실제 현실 사이의 괴리에 주목하는 해석이 점차 설득력을 얻고 있는데, 이러한 해석이 작품의 실상에 더 부합하는 것으로 보인다. 독일 고전주의가 지향하는 교양 이념은 인간이 누구나 타고난 소양을 조화롭게 발전시키고 인간성을 함양하여 전인적 인격체로 성숙해야 한다는 이상을 추구한다. 하지만 그러한 교양의 이상은 추상적 관념 속에서 구현될 수 있는 것이 아니라 구체적인 현실경험을 통해 자신이 속해 있는 사회현실을 통찰하는 과정을 통해서만 체화될 수 있다. 그렇기 때문에 『빌헬름 마이스터의 수업시대』를 이해함에 있어 중요한 것은 교양소설의 정의를 그대로 적용하려 하기보다는 주인공이 구체적으로 어떤 사회경험을 하고 어떤 반응을 보이는가를 작품 자체에서 확인하는 것이다. 이 글에서는 그런 관점에서 이 소설에서 구체적으로 드러나는 시대상을 중심으로 살펴보고자 한다.

(2) 작품 개요

이 소설은 모두 8권으로 구성되어 있어서 워낙 방대하고 괴테 자신도 자기 작품 중에 '가장 가늠하기 어려운 작품'이라 언급했을 정도로 복잡하기 때문에 우선 작품의 개요를 각 권별로 간략히 살펴보기로 하겠다.

[제1권] 부유한 상인의 아들인 주인공 빌헬름은 가난한

여배우 마리아네와 서로 사랑하는 사이다. 하지만 마리아네와 함께 사는 노파 바르바라 할멈은 마리아네에게 생활비를 대주는 부유한 상인 노르베르크에게 관심을 기울이라고 마리아네를 종용한다. 빌헬름은 마리아네에게 어린 시절에 관람했던 인형극 이야기를 들려주는데, 어린 시절부터 연극무대를 동경해온 빌헬름은 장차 연극배우가 되어 제대로 된 '국민극장'을 설립하겠다는 포부를 밝힌다. 빌헬름은 아버지의 사업을 거들기 위해 출장을 떠났다가 유랑극단의 배우들을 만나 연극계의 열악한 실상에 관한 얘기를 듣는다. 여행에서 돌아온 빌헬름은 마리아네에게 편지를 보내 결혼의사를 밝히고 함께 연극계에 투신하겠다고 말한다. 하지만 한밤중에 노르베르크가 마리아네의 집에서 나오는 것을 목격하고서 마리아네를 단념한다.

[제2권] 빌헬름은 여러 해 동안 아버지의 사업을 거들다가 다시 아버지의 명으로 사업상 여행을 떠났다가 유랑극단에 합류한다. 유랑곡예단에서 춤을 추는 어린 소녀 미뇽이 곡예단장에게 학대를 당하는 것을 보고 몸값을 지불하고 미뇽을 구해주며, 이때부터 미뇽을 딸처럼 함께 데리고 다닌다. 정체를 알 수 없는 하프 악사 노인도 이들과 동행한다. 빌헬름은 낯선 신부님을 만나 교육과 인간의 운명 등에 관한 고견을 듣는데, 나중에 신부님은 보이지 않게 빌헬름의 후견인 역할을 하는 '탑의 결사'라는 비밀모임의 일원임이 밝혀진다.

[제3권] 빌헬름과 유랑극단 일행은 연극으로 여흥을 베풀기 위해 어느 백작의 성에 유숙하는데, 빌헬름이 연출을 맡아 군주를 찬양하는 연극을 공연한다. 빌헬름은 미모의 젊은 백작 부인에게 반한다.

[제4권] 빌헬름과 유랑극단은 백작의 성을 떠나고, 배우들은 빌헬름을 극단 단장으로 선출한다. 빌헬름은 산중에서 화적떼의 습격을 받아 부상을 입는데, 멀찌감치 '아마존' 같은 늠름한 인상을 주는 어떤 여인이 말을 타고 있는 것이 보이고, 그 여인과 동행하는 의사가 빌헬름의 부상을 치료해준다. '아마존'의 여인은 작품 결말부에서 빌헬름과 결혼하는 나탈리에라는 귀족 신분의 여성이다.

[제5권] 빌헬름은 아버지의 사망소식을 접한다. 친구 베르너에게 보내는 편지에서 자신의 전 인격을 도야하고 싶은 '교양'의 소망을 밝히지만, 독일에서 그것은 귀족에게만 가능하고 평민은 '재산'에만 만족해야 하는 처지라고 한탄한다. 빌헬름의 연출로 『햄릿』을 공연하고, 정체불명의 혼령이 빌헬름에게 유랑극단을 떠나라고 명한다. 극단에 화재가 나고 하프 악사가 광기발작을 일으키며, 극단이 해체된다. 아우렐리에라는 여배우가 병이 나서 죽자 빌헬름은 그녀가 데리고 있던 세 살 난 소년 펠릭스를 거둔다.

[제6권] '아름다운 영혼의 고백'이라는 제목으로 어느 경건한 여성의 사랑과 정신적 성장과정이 전기의 형식으로 이야기된다.

[제7권] 빌헬름은 로타리오라는 귀족 청년의 영지를 찾아가는데, 백작부인과 나탈리에와 로타리오가 남매지간임이 밝혀진다. 테레제라는 여성이 등장하여 원래 로타리오와 사랑하는 사이였으나 기구한 운명으로 결혼할 수 없는 입장이라는 얘기를 들려준다. 하프 악사의 기구한 인생내력이 밝혀진다. 또한 바르바라 할멈의 증언으로 펠릭스가 마리아네가 낳은 빌헬름의 아들임이 밝혀지고, 마리아네는 펠릭스를 낳고 산후통으로 죽었다는 소식을 접한다. 빌헬름은 연극세계를 떠날 결심을 굳히고, 자기도 모르게 그의 후견인 역할을 해온 '탑의 결사'에 가입한다.

[제8권] 빌헬름은 어린 아들 펠릭스의 엄마가 될 사람을 서둘러 구해야겠다는 일념으로 생활력이 강한 테레제에게 청혼을 하고 그녀 역시 이에 동의한다. 하지만 그 사이에 테레제와 로타리오의 결혼을 가로막았던 장애사유가 사실무근이었음이 밝혀진다. 그런 줄 모르는 빌헬름이 테레제를 포옹하는 순간 미뇽이 심장마비로 죽는다. 미뇽의 장례식이 치러지고, 미뇽의 내력이 밝혀진다. 기구한 우연으로 하프 악사가 자살하고, 속으로 나탈리에를 흠모하던 빌헬름은 마침내 나탈리에의 결혼 승락을 얻는다.

(3) 수구 귀족의 허상

작품의 제3권에서 빌헬름과 유랑극단 일행이 백작의 성

에 유숙하는 장면에서는 봉건적 구체제에 안주하는 귀족들의 타락상과 무능함이 여실히 묘사된다. 귀족들은 극단의 여배우들과 거리낌 없이 애정행각을 벌이고, 심지어 귀족 부인네들까지도 젊은 남자 배우들과 몰래 사귀는 집단적인 추태가 벌어진다. '남작 부인'이라는 여성은 극단에서 잘생긴 남자 배우에게 접근하여 거의 유혹에 성공하지만, 바로 그때 남작이 남자 배우에게 경고를 하면서 남작 부인의 바람둥이 기질을 꼬집어 농담조로 "우리 귀여운 아씨께서 또 한 사나이를 그녀의 마구간 안으로 몰아들인 모양이군요."(1:239)[1]라고 말한다. 남작 부인의 남성편력이 거의 동물적 수준이라는 말이다. 귀족사회의 이러한 타락상을 일찍이 슐레겔은 "신분이 다르다는 점을 차치하면 이 귀족들이 배우들보다 더 두드러지게 눈에 띄는 것이라곤 오로지 배우들보다 더 철저히 천박하다는 사실 뿐이다."[2]라고 통렬히 비판한 바 있다.

남작 부인은 빌헬름이 미모의 젊은 백작 부인에게 반했다는 사실을 눈치 채고 백작이 1박 예정으로 사냥을 나가는 틈을 노려서 해괴한 음모를 꾸민다. 빌헬름에게 백작의 잠옷을 입혀서 저녁에 백작의 침실에 들게 하는 것이다.

---

1) 인용은 다음 번역본에 따르며, 본문에 권수와 면수를 표기함. 괴테: 『빌헬름 마이스터의 수업시대 1, 2』, 안삼환 역, 민음사 1996.

2) Friedrich Schlegel: Über Goethes Meister (1798). HA 7, 670면에서 재인용.

그러나 백작이 예정과 달리 일찍 귀가하는 돌발사태가 벌어지자 빌헬름은 대경실색한다. 그런데 백작의 반응이 특이하다. 백작은 침실 문을 열었다가 거울에 비친 빌헬름을 보고는 아무 말 없이 조용히 문을 닫고 나가버리는 것이다. 나중에 밝혀지지만, 백작은 거울에 비친 빌헬름의 모습을 자신의 분신이라 착각했으며, 이를 육신과 영혼이 분리되는 죽음의 전조로 받아들여서 불안한 망상에 사로잡힌다. 이런 사실을 알게 된 야르노는 남작 부인에게 "그건 마치 미개인들이 과거에 아무도 피할 수 없었고 앞으로도 피할 수 없는 죽음을 생각하면 순해지는 것과 같지요."(1:266)라고 농담처럼 말하면서 차제에 백작을 '더욱더 온순하게 길들이자'고 제안하기도 한다. 백작은 앞으로 다가올 개명한 시대에는 더 이상 살아남을 수 없는 '미개인'으로 간주되고, 더구나 백작의 수행비서인 야르노가 주군을 '길들이기' 하겠다는 발상은 백작의 '주인' 지위가 언제라도 뒤집힐 수 있음을 시사한다. 또한 백작의 '침실'은 프랑스의 루이 왕이 아침마다 어전회의를 열었다는 왕의 침실을 상기시키는 면도 있다. 그렇게 보면 이 기괴한 에피소드는 단지 백작 개인이나 귀족계층의 몰락뿐 아니라 구체제 자체의 몰락을 암시한다고 볼 수도 있다.[3)]

---

3) 바흐친은 아주 사소해 보이는 작은 시공간을 역동적인 역사적 시공간으로 변환시키는 괴테 특유의 상상력을 교양소설의 리얼리즘적 가능성으로 높이 평가한 바 있다. 미하일 바흐친: 「교양소설과

이 사건으로 불안한 망상에 시달리던 백작은 결국 전 재산을 신흥 교단에 헌납하고 세상을 등진 채 광신적 신앙에 몰입하는데, 심지어 '순교'의 각오까지 하면서 '성자'의 반열에 오르기를 꿈꾼다. 중세도 아닌 계몽의 시대에 '성자'가 되기를 꿈꾸는 백작의 이러한 허황된 망상은 봉건적 구체제에서 무위도식하며 특권을 누리는 귀족층이 역사의 무대에서 퇴출되어야 한다는 메시지로 읽어도 무방할 것이다.

백작의 결혼생활 역시 귀족가정의 공허한 실상을 여실히 드러낸다. 설령 빌헬름과 백작 부인 사이의 연애 사건 같은 것이 벌어지지 않았다 해도 과연 백작의 부부생활이 원만하게 유지될 수 있을지 의문이다. 젊고 아름다우며 치장을 좋아하는 백작 부인은 귀금속 목걸이 속에 백작의 초상화를 넣어 다니는데, 그 초상화를 본 어떤 여배우가 초상화의 주인공이 백작님이 맞느냐고 의아해한다. 그러자 백작 부인은 '새신랑일 때의 모습'을 그린 거라고 답하지만, 다시 여배우는 결혼한 지 겨우 몇 년밖에 안 되었는데 그렇게 젊을 수가 있냐고 다시 반문하며, 그러자 백작 부인은 화가가 그냥 젊게 그린 거라고 얼버무린다. 이런 대사를 종합해보면 백작 부부는 나이차이가 많이 나고, 그럼에도 결혼이 가능했던 것은 백작 부인의 집안에서 비록 나이가 많지

리얼리즘 역사 속에서의 그 의미」, 『말의 미학』, 김희숙 · 박종소 역, 도서출판 길 2006, 287~347면 참조.

만 부유한 귀족집안으로 시집을 보낸 전형적인 정략결혼으로 짐작된다. 여배우가 초상화 속의 인물이 '미남'이라고 추켜세우는 듯하면서 짓궂게 "이 비밀의 상자 안으로 다른 초상화가 살짝 비집고 들어간 적은 한 번도 없을까요?"(1:271)라고 백작 부인을 놀려먹는다. 실제 남편인 백작의 늙은 모습과는 아무 상관이 없이 젊은 미남자로 그린 초상화야말로 백작과 부인 사이를 떼어놓고 다른 남성에 대한 연정을 키워주는 부적이나 다름없는 셈이다. 나중에 백작 부인은 다름 아닌 로타리오의 여동생임이 밝혀지지만, 끝까지 백작 부부의 실명은 밝혀지지 않는다. 두 사람의 결혼생활이 인간적 신뢰와 애정에 바탕을 둔 것이 아니라 어디까지나 귀족층의 정략결혼 양태를 익명의 표본으로 보여주는 셈이다.

백작은 작품 말미에 다시 한 번 등장하는데, 오랜만에 만난 빌헬름을 엉뚱하게도 영국의 지체 높은 귀족이라고 오인한다. 그러자 빌헬름이 자신은 영국인이 아니고 독일인이라고 거듭 말해도 백작은 그래도 빌헬름의 아버지 되는 사람은 틀림없이 영국의 명문가 귀족일 거라며 주장을 굽히지 않고 '족보'를 캐서 확인하겠다고 말한다. 평범한 장사꾼 집안 출신의 빌헬름을 고귀한 영국 귀족으로 떠받드는 데서도 새로 도래할 시대의 주인이 과연 누구일지 다시 생각해보게 되며, '족보' 운운하는 것도 자신의 능력이 아니라 신분으로 물려받은 세습적 특권에만 연연하는 귀족층의 기반이 얼마나 취약한지 일깨워준다.

(4) 진보적 귀족의 사회개혁 구상

시대의 변화를 읽지 못하고 광신적 신앙에 빠져드는 백작과 달리 이 소설에는 진보하는 시대에 발맞추어 봉건적 구습을 타파하고 사회개혁을 추진하려는 진취적 귀족도 등장한다. 이른바 '탑의 결사'(Turmgesellschaft)[4]라 불리는 비밀단체에서 주도적 역할을 하는 로타리오라는 인물이 대표적인 경우이다. 로타리오는 우선 자신의 재산에서 불어나는 수입을 혼자 독차지하는 것은 부당하다고 생각한다.

> "이렇게 늘어나는 이득을 나 혼자 누려야 한다는 말입니까? 지식의 증대와 시대의 진보에서 얻는 이득을 나와 더불어 일하고 나를 위해 일하는 사람들과 나누어 써서는 안 될 까닭이 있습니까?"(2:613)

그의 영지에서 생기는 수입은 영지 주민들의 부역과 노

---

4) 이 단체는 괴테 당대에 유럽 전역에 퍼져 있던 프리메이슨을 모델로 삼은 것으로 추정된다. 당시 프리메이슨은 대체로 진취적인 계몽사상을 표방했는데, 그중 일부는 급진적 정치성향을 띠기도 했고, 건전한 지적 교류를 도모하는 경우도 있었다. 자세한 설명은 김대권: 「레싱과 헤르더의 프리메이슨 담론 및 『빌헬름 마이스터의 수업시대』의 탑의 결사」, 『독일문학』 115호 (2010), 5~33면 참조.

동에 의존하기 때문에 그들과 공유해야 한다는 것이다. 늘어나는 이득을 과연 어느 정도까지 주민들과 공유해야 한다는 것인지 작품에서 명확히 드러나지는 않지만, 적어도 귀족이 영지의 수입을 독점해서는 안 된다는 소신은 확고하다.

로타리오가 추진하려는 개혁의 실질적 내용은 크게 두 가지로 집약될 수 있다. 그 하나는 '토지의 자유화'이며 또 하나는 '소유의 정당성'에 관한 문제이다. 봉건적 구체제가 온존하던 당시 독일에서 귀족의 세습영지는 왕으로부터 하사받는 봉토이므로 자유로운 매매가 법으로 금지되어 있었다. '토지 자유화'란 그러한 법적 규제를 철폐하자는 것이다. 이러한 토지 자유화는 귀족과 평민 모두에게 유리한 결과를 가져온다. 귀족의 입장에서 보면 왕이 하사한 '봉토'의 개념이 사라지므로 군주에 대한 종속관계에서 상대적으로 자유로워질 수 있다. 아울러 토지의 자유매매는 자영농이 성장할 여지를 높여준다. 그런데 전사회적 차원에서 보면 토지의 '자유화'는 곧 토지의 '자본화'를 뜻한다. 실제로 로타리오는 나중에 빌헬름의 매제가 되는 베르너라는 수완 좋은 사업가와 손잡고 차압된 토지를 사들이는데, 베르너는 그 농지를 개량하여 되팔면 몇 배의 수익을 남길 거라고 계산한다.

로타리오가 추구하는 또 하나의 개혁은 귀족의 면세 특권을 폐지해야 한다는 것이다. 그는 귀족의 토지 역시 평민들의 토지나 재산과 마찬가지로 국가에 세금을 바칠 때만 '합법적'인 것이라고 말한다. 로타리오가 보기에 대다수

농민들은 귀족의 토지 소유가 정당성이 떨어진다고 불만을 갖고 있는데, 로타리오는 농민들의 그러한 불만이 당연하다고 여긴다. 귀족층이 소유한 토지는 그들 자신의 노력에 의해 취득된 것이 아니라 세습으로 물려받은 것이며, 그 반면 자영농이 소유한 토지는 땀 흘려 일해서 획득한 것이기 때문이다. 그럼에도 귀족층이 토지에 대한 납세의 의무까지도 면제받는 것은 이중의 특혜이며, 그처럼 부당한 특권이 철폐되지 않는 한에는 귀족층은 토지소유의 정당성을 주장할 수 없다는 것이다.

나아가서 로타리오는 소유의 정당성을 확보해야 '소유의 안정성'도 확보할 수 있다고 본다. 다시 말해 귀족층이 부당한 특권으로 차지하고 있는 토지에 대한 농민층의 불만이 사회적 저항으로 표출될 수도 있다는 것이다. 뿐만 아니라 세습특권은 오히려 그 수혜자인 후손들을 불편하고 부자유스럽게 만들며, 개개인이 '훌륭한 공민'이 되는 것을 가로막기 때문에 국가로서도 손실이 된다고 본다. 귀족층도 국가에 대한 의무를 다해야만 떳떳한 공민으로서 정당성을 확보할 수 있다는 것이다.

로타리오가 추구하는 토지 자유화는 실제로 1810년경부터 프로이센이 추진한 근대적 개혁의 핵심이기도 하다. 이를 통해 프로이센은 막강한 국부를 축적하여 독일의 자본주의적 근대화를 이끄는 견인차 역할을 했다. 그런 맥락에서 보면 로타리오가 하필이면 베르너 같은 속물적인 자본가와 합작하여 사업을 벌이는 것은 로타리오의 개혁노선이 결국 어느 방향으로 수렴될 것인가를 예고한다. 빌헬름이 집을 떠나서 바깥세상을 떠도는 사이에 베르너는 빌헬름의 여동생과 결혼한 상태이고, 빌헬름의 부친이 세상을 떠나자 빌헬름 집안의 가산마저도 모두 매각하여 사업에 투자할 만큼 오로지 투기에만 혈안이 되어 있다. 그런 베르너를 오랜만에 다시 만난 빌헬름은 그의 인상을 "움푹 팬 가슴, 앞으로 튀어나온 양 어깨, 혈색이 없는 두 뺨은 그가 열심히 일만 하는 우울증 환자라는 사실을 의심할 나위 없이 잘 드러내주고 있었다."(2:716)고 관찰한다. 사업가로서 아무리 수완이 좋고 막대한 부를 축적했다 하더라도 베르너가 뼛속까지 황폐한 삶을 살고 있음을 분명히 보여주는 것이다. 더구나 베르너는 오랜만에 만난 친구이자 처남이기도 한 빌헬름에게 풍채가 훤칠하니 '많은 유산을 물려받을 미인이나 후려보라'고 진지하게 조언한다. 그러자 빌헬름은 오랜만에 만난 친구를 '상품'과 '투자대상'으로 취급하고 '이윤'이나 챙길 궁리를 한다고 점잖게 타박하는데, 베르너가 모든 인간관계조차도 오로지 상품적 투자가치로만 계산하는 철저한 자본가임을 꿰뚫어보고 있는 것이다. 그렇게 보면 로타리오가 아무리 봉건적 유제를 타파하고 근대적 개혁을 추구하더라도 결국 그의 개혁노선은 베르너 같은 자본가가 주도하는 자본주의적 발전에 흡수될 수밖에 없을 것이다. 베르너의 피폐한 몰골에서 보듯이 바야흐로

도래하는 자본의 시대가 과연 인간다운 삶을 보장해줄 것인가 하는 의문을 남긴다.

(5) 신분을 뛰어넘는 결혼

작품의 대미를 장식하는 '신분을 뛰어넘는 결혼'은 그런 의문과 결부지어 생각해볼 여지가 있다. 빌헬름과 결혼하는 나탈리에는 로타리오의 여동생으로 엄연히 귀족신분이다. 당시 평민과 결혼하는 귀족은 남녀 불문하고 상속권이 박탈되었던 현실적 제약을 감안하면 다분히 추상적 담론의 수준에 머무는 사회개혁 논의보다도 평민과 귀족의 결혼이야말로 오히려 더 급진적인 사회계약의 실험이라 할만하다. 나탈리에의 성격에서 주목할 점은 어릴 적부터 가난한 사람들에게 금전으로 적선을 베풀지 않고 헌옷을 수선해서 주는 식으로 '화폐'라는 개념을 모르고 자랐으며, 그런 선행을 삶의 유일한 기쁨으로 알고 살아왔다는 사실이다. 그런 점에서 빌헬름과 나탈리에의 결합에서 귀족적 특권의 자발적 포기보다 더 무게가 실리는 전언은 참된 인간적 행복이 화폐의 교환가치를 초극하는 차원에서만 가능하다는 것이다. 작품을 통틀어 자기모순과 방황을 모르는 유일한 인물인 나탈리에가 '진정으로 아름다운 영혼'이라 일컬어지는 것은 그런 맥락에서 이해될 필요가 있다. 나탈리에는 진·선·미의 합일을 지향하는 고전적 미의 이상을 한 몸에 구현한 여성상을 보여주며, 빌헬름이 보편적 교양의 요건이라 여기는 '공인'의 역할만으로는 담보되지 않을 전인적 덕목을 체현하고 있는 것이다.

빌헬름이 선망하는 공인의 지위가 온전한 인간됨과는 딴판으로 어긋날 수도 있음을 보여주는 표본적 사례가 다름 아닌 로타리오의 어지러운 애정행각이다. 그는 시대의 추이를 훤히 꿰뚫어보는 진취적 개혁사상의 소유자이다. 다른 한편 그는 소작인의 딸, 미천한 연극배우, 귀족부인 등과 애정행각을 벌인 끝에 나탈리에 못지않게 빼어난 성품의 소유자인 테레제라는 여성을 진심으로 사랑해서 마침내 결혼을 결심하기에 이른다. 하지만 한때 사귀던 귀부인이 하필이면 테레제의 어머니라는 사실이 뒤늦게 밝혀지면서 결혼계획은 수포로 돌아가며, 그러는 중에도 또 다른 유부녀와 정분이 나서 그 남편과의 결투로 부상을 입기까지 한다. 로타리오의 이 위태로운 곡예는 비록 머리로는 진보적 시대정신을 깨우쳤지만 타고난 체질만큼은 여전히 구체제의 귀족티를 조금도 벗지 못했음을 여실히 보여준다. 그런 점에서 "마음속이 광석 찌꺼기로 가득 차 있다면 좋은 철을 생산한들 무슨 소용이 있으며, 내가 내 자신과 합일을 이루지 못한다면 농지를 정리한들 무슨 소용이 있겠는가?"(1:402)라는 빌헬름의 자문은 누구보다 로타리오에게 적중하는 말이다. 그런데 로타리오는 한때 집안의 반대를 무릅쓰고 미국 독립전쟁에 미국 편으로 참전했다가 그로 인해 큰 빚을 지고 있다. 로타리오의 이러한 처지는 프랑스 루이 왕조가 미국 독립전쟁을 지원하느라 떠안은 막대한 부채의 해결을 호소하고자 소집했던 삼부회의가 결국 루이 왕조를 무너뜨리는 혁명의 도화선이 되었다는 역사적 사실과 겹쳐지는 미묘한 상징성을 갖는다. 그런 맥락에서 보면 로타리오의 위태로운 귀족적 모험주의는 굳이 자진해서 귀족의 특권을 포기하지 않더라도 귀족신분과 구체제의 자멸을 불러올 태생적 요인인 셈이다.

하지만 나탈리에가 빌헬름에게 청혼함으로써 그를 구원하는 것과는 또 다른 양상으로 로타리오는 테레제에 의해 구제된다. 테레제의 어머니가 생모는 아니라는 사실이 다시 밝혀지면서 결국 테레제와의 결혼이 성사되는 것이다. 테레제의 아버지는 부인이 아이를 가질 수 없었기에 부인의 허락을 얻어 집안 하녀를 대리모로 삼아 테레제를 얻었다는 사실이 뒤늦게 밝혀진다. 이에 앙심을 품은 부인은 공공연히 문란한 생활을 하면서 남편에게 수모를 주는가 하면 테레제에게 물려줄 몫의 유산마저 독차지하는 유언장을 남편에게서 받아냈다. 그로 인해 적빈의 처지가 된 테레제는 부모의 불행한 결혼생활을 반면교사로 삼아 굳건한 여성으로 성장한 것이다. 나탈리에와 더불어 그녀가 '아마존'이라 일컬어지는 것은 두 여성이 남성(주의)적 편벽과 결함 그리고 인습적인 여성상까지도 모두 넘어서는 인간적 완성의 경지를 보여주기 때문이다.

테레제의 출생내력이 반전을 거듭하면서 밝혀지는 과정은 루카치가 발자크의 리얼리즘 소설에서 만개하는 서사양식이라 지목했던 '극적' 요소에 해당된다(루카치, 1987:76). 그런데 괴테의 교양소설에서 발자크의 사회소설로 이행하는 과정을 단지 서사적 진화의 관점으로만 보기에는 양자 사이에 현격한 차이가 나는 것도 사실이다. 예컨대 발자크의 『잃어버린 환상』에서 두드러진 극적 반전은 벼락출세를 노리는 인물들 사이의 냉혹한 경쟁에서 어김없이 부와 권력의 논리에 좌우되며, 그런 만큼은 어느 정도 예측가능한 면이 있다. 그러나 다른 한편 그러한 무한경쟁은 결코 충족을 모르는 자본주의적 욕망의 악마적 역동성에 의해 추동되기 때문에 마치 거대한 도박판에 휘말리는 듯한 예측불허의 항구적 불안정성이 끝없이 증폭된다. 그러한 혼돈의 극적 반전으로 이어지는 플롯이 일체의 비판적 성찰을 무효화하면서 흡인하는 양상을 보인다.[5] 예컨대 주인공 뤼시엥은 오로지 출세를 위해 한때의 열렬한 자유주의자에서 '진성' 왕당파로 하루아침에 변신하지만 추호도 양심의 가책을 느끼지 않는다.

---

5) 그런 의미에서 모레티는 발자크 소설의 플롯이 일체의 내면적 성찰을 배제하는 '산문'(provorsa: 뒤돌아보지 않고 '앞으로만 나아가는 이야기'라는 뜻)의 완벽한 승리를 보여준다고 말한다. 프랑코 모레티: 『세상의 이치 - 유럽문화 속의 교양소설』, 성은애 역, 문학동네 2005, 297면 참조.

그 반면에 『빌헬름 마이스터의 수업시대』에서 극적 요소는 대부분 등장인물 스스로도 미처 몰랐던 자신과 주인 인물들의 과거사를 재구성하는 방식으로 전개된다. 과거와 현재를 씨줄과 날줄처럼 교직하는 이러한 기억술에 힘입어 자신과 세상을 부단히 새로운 관점에서 바라보고 판단할 수 있게 해주는 깊은 내면적 성찰의 공간이 생겨나며, 다양한 세상경험을 발자크 소설처럼 환멸이 아닌 인간적 성숙의 과정으로 소화해낼 가능성이 열리는 것이다.

『빌헬름 마이스터의 수업시대』가 교양소설이면서도 후대의 사회소설에서는 오히려 찾아보기 힘든 독특한 사회적 총체성을 구현하는 비결은 그처럼 서로 환치될 수 없는 다양한 개인들의 고유한 경험들이 서로를 되비추며 어우러져서 개인적 시야를 넘어 사회 전체에 대한 입체적 조망을 가능하게 해주는 데서 찾을 수 있다. 그에 비하면 온갖 선진적 교육이념을 설파하는 '탑의 결사'가 모든 인물의 행적을 '기록'으로 남겨서 교육의 '교재'로 삼는 계몽의 방식은 근대적 계몽의 훈육이 체계적 억압의 메커니즘으로 역전될 위험에 노출된다는 점에서 이른바 '계몽의 변증법'을 예견한 것도 괴테의 탁견이다.[6] 괴테적 교양소설의 이러한 미

6) 예컨대 미뇽(Mignon)과 하프 악사의 죽음은 그런 의미에서 '탑의 결사'의 일률적인 계몽의 훈육이 초래한 비극이다. 졸고: 「미뇽 - 낭만적 영혼의 비극적 초상」, 안삼환 편 『괴테, 그리고 그의 영원한 여성들』, 서울대출판부 2005, 215~231면 참조.

덕은 역설적이게도 자본주의적 근대화가 지체된 독일적 낙후성 덕분에 성취된 역사적 과도기의 수확이지만, 발자크의 소설세계보다 나을 게 없는 막장 드라마가 판치는 험악한 세상을 감당내해면서 극복하는 일이 개개인의 인간적 성숙으로 담보되지 않고는 이루기 힘든 과제임을 일깨워준다.

4. 괴테의 『토르콰토 타쏘』: 궁정시인의 고뇌와 멜랑콜리

(1) 집필배경과 작품구조

"세계문학에서 최초의 진정한 예술가 드라마"(Borchmeyer, 1994:168)라 평가받는 괴테의 희곡 『토르콰토 타쏘』(Torquato Tasso, 1789)는 16세기의 이탈리아 시인 타쏘(1544~1595)의 생애를 다룬 작품이다. 타쏘는 페라라 공국의 궁정시인이었는데, 페라라 공국은 일찍이 계관시인 페트라르카(1304~1374)가 머물렀던 곳이기도 하다. 괴테는 어릴 적부터 타쏘의 작품을 즐겨 읽었고, 대학 시절에는 그의 작품을 이탈리아어로 읽을 정도로 심취했다. 타쏘는 18세기까지도 유럽 지식인들이 즐겨 읽은 시인이지만, 특이한 행적으로도 유명했다. 그는 추적망상과 광란발작에 시달렸고, 궁정관리들이 자신을 음해한다고 결투를 벌여서 구금

되기도 했다. 그러다가 영주의 가족들에게 욕설을 퍼붓는 무례를 범해서 1579~1586년 동안 정신병원에 수감되었다. 생의 막바지에 이르러 교황에 의해 계관시인으로 추서될 예정이었으나 그 직전에 비운의 생을 마감했다. 또한 타소는 페라라 공국의 군주 알폰스 공작의 누이 되는 레오노레 공주를 사랑했다는 전설을 남겼다.

괴테가 『타소』 집필을 결심한 것은 1780년이고 이듬해에 2막까지 집필했다. 그러고는 여러 해 동안 집필을 중단했다가 이탈리아 여행 중이던 1787년에야 작품의 전체적인 구상을 매듭짓고 이탈리아에서 돌아온 후 1789년에 탈고했다. 처음 집필을 결심하던 당시 괴테는 바이마르에 온 지 불과 5년째였고, 아직 바이마르 궁정에 안착하지 못한 상태였다. 그런 맥락에서 이 작품의 주인공 타쏘가 궁정에서 겪는 불화는 애초에 괴테의 중용을 반대했던 바이마르 궁정 귀족들과의 갈등과 무관하지 않아 보인다. 실제로 괴테는 바이마르에 온 처음 10년 동안은 작가로서는 아무것도 하지 못했고 그래서 이탈리아로 도망치다시피 했다고 술회한 바 있다. 이 작품에서 결국 타쏘가 궁정의 질곡을 못 견뎌서 로마로 떠나고자 하는 상황과 유사하다. 다른 한편 타소의 격정적 성격과 궁정관료와의 갈등은 슈투름 운트 드랑(Sturm und Drang) 문학의 전형적 모티프를 연상케 하는데, 그의 성격적 불안은 베르터(Werther)를 떠올리게 하는 것도 사실이다. 그렇지만 이탈리아 여행을 통해 고전적 원숙기로 접어드는 괴테의 문학을 슈투름 운트 드랑의 연장선에서 이해하는 것은 적절치 않으며, 이 작품에서 타쏘를 통해 보여주는 시인 상(像)을 괴테와 동일시해서도 곤란하다. 타쏘는 시인의 대표적 전형이 아니라 과도한 주관적 격정에 사로잡혀 인간적 고립과 파멸의 위기를 자초하는 특별한 유형의 시인이기 때문이다.

이 드라마는 그런 타소의 내면세계를 파헤치는 데 집중되어 있는데, 극의 구조와 인물배치는 엄격하게 구성되어 괴테의 고전주의 양식원리를 잘 보여준다. 작품의 시간대는 타쏘의 일생에서 그의 운명을 결정하는 몇 개의 장면들을 포착하여 불과 반나절 동안에 벌어지는 사건으로 압축해놓고 있다. 작품 서두에서 타쏘는 그가 받드는 주군 알폰스 공작의 무운을 기리는 영웅서사시를 완성하여 주군에게 헌정하고, 그 답례로 시인의 최고 영예인 월계관을 수여받는다. 타쏘의 일생에서 가장 행복한 절정이 작품 서두에 배치되어 있는 것이다. 그러나 알폰스 공작이 총애하는 국무대신 안토니오가 등장하면서 타쏘는 전형적인 궁정귀족인 안토니오와 심각한 언쟁을 벌인 끝에 결투까지 신청한다. 이에 공작은 타쏘에게 그의 방에서 나오지 말라고 구금령을 내리며, 방안에 갇힌 타쏘는 이성을 잃고 궁정인사들의 음모가 자신을 옥죄어온다는 망상에 점점 깊이 빠져든다. 이후의 사건전개는 타쏘의 망상이 그를 급전직하의 추락으로 몰아가는 상황으로 수렴된다. 작품 마지막에 이르면 타쏘는 완전히 실성하여 자신을 극진히 배려해준 알폰스 공작을 음모의 '수괴'로 지목하고, 자신이 사랑해마지 않던 레오노레 공주마저 '요괴'라고 욕하는 지경에 이른다. 반나절 동안에 전개되는 사건은 타쏘가 인생의 절정에서 바닥없는 심연으로 추락하는 과정을 압축해서 보여주는 것이다. 시작 부분과 결말부의 이러한 양극적 대비는 드라마의 통일성을 저해하는 것이 아니라 오히려 괴테 문학의 고유한 특성 가운데 하나인 양극성(兩極性, Polarität)을 선명하게 보여주며, 아울러 타쏘의 내면세계가 엄청난 진폭으로 요동치고 있음을 뚜렷이 부각시킨다.

고도로 압축된 시간에 상응하여 사건이 전개되는 공간 역시 최소한으로 축소되어 있다. 작품 전체의 공간적 배경은 공작이 여름휴가를 보내는 시골 별궁이다. 작품은 그 별궁의 정원에서 시작된다. 여기서 알폰스 공작의 누이 레오노레 폰 에스테 공주와 그녀의 친구 레오노레 산비탈레 백작부인은 '행복한 양치기'의 복장을 하고 월계수 화관을 만들어서 정원 한쪽에 세워져 있는 시인 베르길리우스(기원전 70~19)와 아리오스트(1475~1533)의 주상(柱像)의 머리에 월계관을 씌워준다. 알다시피 베르길리우스는 고대 로마의 최고 시인이었고, 아리오스트는 타쏘 바로 전 시대에 같은 페라라 공국에서 궁정시인으로 있었던 당대 최고의 시인이다. 여기서 타쏘는 방금 완성한 영웅서사시를 알폰스 공작에게 헌정하고, 공주가 베르길리우스의 머리에

씌웠던 월계관을 타쏘의 머리에 씌워준다. 따라서 이 장면은 타쏘가 베르길리우스와 아리오스트의 빛나는 전통을 잇는 계관시인으로 등극한다는 상징적 의미를 갖는다. 목가적 이상향을 떠올리게 하는 공간적 배경은 타쏘의 찬란한 영예에 상응하는 것이다.

타쏘가 국무대신 안토니오와 뜻하지 않게 언쟁을 벌이는 공간은 궁전의 '홀'이다. 시작 부분의 목가적 분위기와 달리 이 홀에서는 엄격한 궁정예법을 준수해야 하며, 안토니오의 몸에 배인 궁정의 법도는 타쏘의 자유분방한 시인 기질과 정면으로 충돌한다. 그로 인해 타쏘는 궁정의 법도를 어기고 궁정 안에서 안토니오에게 결투를 신청한 벌로 자신의 '방'에 잠시 유폐되는데, 이 숨막히는 유폐공간에서 타쏘는 궁정인물들을 의심하면서 온갖 억측과 망상에 빠져든다. 그리고 작품의 마지막 장면은 '정원'으로 설정되어 있는데, 공작 일행이 별궁을 떠나는 모습이 보인다는 것으로 봐서 시작 부분의 정원보다는 더 시야가 트인 야외 정원이라 짐작된다. 궁정의 속박을 벗어나고자 하는 타쏘의 충동에 상응하는 공간설정이다.

(2) 갈등의 발단과 전개

작품의 제2막 1장에서 타쏘는 레오노레 공주와 단 둘이 대화를 나누는데, 타쏘는 '고귀한 영주들'이 공주에게 청혼을 해서 공주가 멀리 떠나지 않을까 하는 우려를 털어놓는다. 이에 공주는 '영원히' 그런 걱정은 할 필요가 없다고 하면서 타쏘를 늘 곁에 두겠다는 뜻을 밝힌다. 이에 고무된 타쏘는 모든 인간들이 격의 없이 지내던 옛날 '황금시대'에는 인간에게 "마음에 드는 것은 허락된다."[7](994행)는 원칙이 통했다는 것을 상기시키면서 공주에 대한 사랑을 진솔하게 표현하려 한다. 하지만 공주는 "예법에 맞는 것만 허락된다."(1005행)며 궁정의 예법에 어긋나는 언행을 삼가야 한다고 완곡하게 경고한다. 타쏘 자신도 귀족 출신이긴 하지만 왕의 서열인 공주와는 엄연히 넘을 수 없는 신분의 격차가 있는 것이다. 또한 공주는 타쏘에게 내면세계에만 침잠하여 외톨이로 지내지 말고 안토니오와도 잘 사귀라고 충고해주는데, 공주가 자신에게 마음의 문을 열어주었다고 믿는 타쏘는 공주의 충고를 곧장 실행에 옮겨서 안토니오에게 친구가 되어달라고 손을 내밀며 이렇게 말한다.

> 이제 저는 대감과 대감의 온전한 가치를 알겠습니다.
> 주저 없이 대감께 진심으로 악수를 청하오니
> 저를 물리치지 마시기 바랍니다.(1119~1121행)

그러자 안토니오는 타쏘의 '귀한 선물'에 대한 보답으로

---

7) 인용은 다음 번역에 따름. 윤도중 역: 『괴테 고전주의 희곡』, 집문당 1996.

자기가 과연 '똑같은 것'을 타쏘에게 줄 수 있는지 모르겠다며 "내가 현명하고 신중하게 행동하게 해주시오."(1128행)라고 거리를 둔다. 안토니오가 '똑같은 것'을 언급하는 것은 '시인'인 타쏘와 '정치가'인 자신이 과연 무엇을 매개로 대등한 우정을 나눌 수 있을지 반문하는 것이다. 안토니오는 알폰스 공작의 대리인 자격으로 교황을 만나 정치적 협상을 성공적으로 매듭짓고 돌아온 참이다. 안토니오는 그 정도로 경륜이 풍부하고 능력이 출중한 정치가이다. 따라서 그의 입장에서 보면 자신의 내면세계에만 몰입하고 나이도 한참 아래인 타쏘가 다짜고짜로 악수를 청하며 친구가 되어달라는 요청은 '현명하고 신중한' 처신이 아닌 돌출행동이라는 것을 넌지시 타이르는 셈이다. 그러자 타쏘는 "우리가 친구가 되기를 원하시는 공주 마마의/말씀을 존중해서 대감께 우정을 제안한 것입니다."(1216~1217행)라며 자신이 공주의 뜻을 받들어 '의무'를 다하는 것이라고 말한다. 타쏘의 이러한 발언은 이중적 의미에서 결정적인 실언이다. 첫째, 안토니오에게 우정을 청하는 것은 어디까지나 공주의 뜻을 받드는 '의무'의 이행이지 '진심'에서 우러나온 것이 아님을 본의 아니게 실토한 것이다. '대감의 온전한 가치'를 알겠다는 말도 빈말임이 밝혀지는 셈이다. 둘째, 타쏘는 공주의 총애를 앞세움으로써 안토니오의 질투심을 자극한다. 안토니오는 타쏘가 머리에 쓰고 있는 월계관을 가리켜 이렇게 말한다.

화관을 받을 만한 사람이 받지 못하는 경우도 종종 있소.
그런데 아주 가벼운 화관도 있소. 화관은 종류가
아주 많소. 때때로 어떤 것은 산책하면서
힘들이지 않고 얻을 수도 있소.(1299~1302행)

안토니오는 타쏘가 '산책'이나 하면서 힘들이지 않고 얻은 '가벼운 화관'에 우쭐하게 들떠 있는 태도를 비꼬는 것이다. 이에 격앙된 타쏘는 "내 월계관을 시기하지 않을 넓은 아량을 가지시오."(1323행)라며 안토니오를 훈계한다. 그리고 "공주님께서 손수 나를 위해 엮으신 월계관을/누구도 의심하거나 조롱해선 안 되오."(1342~1343행)라며 다시 공주를 들먹인다. 분을 삭이지 못하는 타쏘는 결투를 신청하고, 안토니오는 궁정의 법도에 어긋나는 그런 행위를 꾸짖는다. 이어서 두 사람이 주고받는 설전은 '말의 결투'(Rededuell)를 방불케 한다.

타쏘: 대감이 대장부라면 내 앞에 나서시오.
안토니오: 그대는 자신이 누구인지, 어디 있는지도 모르는군.
타쏘: 어떤 성역이라도 모욕을 감내하라고 명하진 않소.
(…)
안토니오: 옹졸한 가슴에 얼마나 위대한 정신인가!
타쏘: 가슴의 울분을 풀 공간이 아직 있소.
안토니오: 미친한 자들은 말로써도 울분을 풀지.

타쏘: 대감이 나처럼 귀족이라면 귀족다움을 보이시오.

안토니오: 나는 귀족이지만 처한 장소를 알고 있소.

타쏘: 무기로 결판낼 곳으로 함께 갑시다!

안토니오: 그대는 그런 요구를 할 권리가 없으니 나는 따르지 않겠소.

타쏘: 비겁한 사람에겐 그런 장애가 반갑겠지.

안토니오: 겁쟁이는 안전한 곳에서만 위협하지.

타쏘: 나는 기꺼이 보호를 포기할 수 있소.(1384~1403행)

결국 인내심을 잃은 타쏘가 칼을 빼드는 순간 알폰스 공작이 나타난다. 안토니오의 설명에 따르면 궁정에서 결투를 하는 것은 '유배와 투옥과 사형'에 처해질 수도 있는 무거운 죄이다. 그럼에도 공작은 화를 내지도 않고 타쏘에게 타이르듯 이렇게 말한다.

오, 타쏘, 그대는 잘못을 저질러서
감옥에 가야 할 처지요. 허나 그대를 용서하는
의미에서 그대를 위해 벌을 완화해주겠소.
타쏘, 우리 곁을 떠나 그대의 방에 머물도록 하오.
그대 스스로 자신을 감시하도록 하오.(1529~1533행)

너그러운 아량을 보이는 공작의 태도에서 그가 평소에 타쏘를 얼마나 총애했는지 짐작할 수 있다. 그럼에도 타쏘는 공작의 근신명령에 격한 반응을 보이면서 일찍이 공작에게서 하사받은 칼을 다시 돌려주겠노라고 내려놓는다. 이에 공작이 다시 "그대를 생각하는 내 마음을 그대는 느끼지 못하고 있소."(1567행)라고 타이르자 타쏘는 "제 운명은 복종하는 것이지 생각하는 것이 아닙니다."(1568행)라며 아예 월계관마저 내려놓는다. 칼과 월계관을 돌려주는 행위는 공작과 공주의 총애를 사절하겠다는 뜻이므로 사실상 주군과 신하의 연을 끊고 의절하겠다는 것과 진배없다. 그래서 공작의 만류와 타이름에 불복하는 것이다. '제 운명은 복종하는 것이지 생각하는 것이 아닙니다.'라는 말도 주군의 명령에 복종만 해야 하는 자신의 처지를 한탄하는 것이므로 주군과 신하의 서열관계에 대한 불만처럼 들린다.

그럼에도 공작은 타쏘를 탓하지 않고 이 사건의 '중재자'를 자임하면서 타쏘를 내보낸 다음에 안토니오에게 해결책을 제시한다. 먼저 레오노레 산비탈레 백작부인을 시켜서 타쏘의 마음을 달래주도록 하고, 그런 연후에 안토니오가 타쏘를 찾아가서 공작의 이름으로 사면해서 '완전한 자유'를 되찾게 해주고, 안토니오 스스로 '진심어린 말'로 타쏘의 신뢰를 얻어서 서로 화해를 하라는 것이다. 공작이 지혜롭고 어진 군주임을 확인시켜주는 세심한 배려이다. 그러나 이후의 사건전개는 공작의 선의에 어긋나는 엉뚱한 방향으로 치닫는데, 타쏘의 억측이 파국을 부추기는 화근이 된다.

(3) 반전과 파국

공작의 뜻에 따라 레오노레 산비탈레 백작부인은 타쏘의 마음을 달래주려 애쓰지만 타쏘는 여전히 안토니오가 '사악한 적'이라며 적대감을 풀지 않는다. 결국 타쏘를 설득하지 못하는 백작부인은 얼마동안 공작 곁을 떠나 피렌체에 가있으라고 충고하며, 그녀 자신이 피렌체에서 타쏘를 돌봐주겠노라고 제안한다. 이러한 제안은 타쏘에게 심신의 요양이 필요하다는 선의의 배려와, 타쏘를 독차지하여 자기편으로 만들겠다는 이기심이 동시에 작용한 결과이다. 그런데 타쏘는 평소에 백작부인이 권력욕이 많고 가식적이라 여겨서 불신해왔으며, 자신이 궁지에 몰리고 있다는 피해망상은 그녀에 대한 불신을 더욱 부추긴다. 따라서 백작부인의 제안은 자신을 궁정 밖으로 몰아내려는 음모이며 백작부인을 '음모의 하수인'이라 여긴다. 더구나 알폰스 공작과 경쟁관계에 있는 메디치 가문이 지배하는 피렌체로 보내려는 것은 타쏘가 메디치 가문의 총애를 받게 하여 알폰스 공작과 완전히 결별하게 하려는 술책이라 생각한다. 그럼에도 타쏘는 그런 속내를 드러내지 않고 흔쾌히 백작부인의 제안을 받아들이는 척 '연기'를 하는데, 적들의 '음모'를 따돌리기 위해 더 멀리 로마로 가려는 것이 그의 속셈이다. 이처럼 '음모'에 맞서 타쏘 자신도 '술책'을 써야 한다고 생각하는 것은 사태를 꼬이게 만드는 결정적인 오판이다. 현실물정에 어둡고 소박한 이상주의자인 타쏘가 자신의 본성과는 상충하는 수단을 선택하기 때문이다.

타쏘는 안토니오에게도 자신의 속셈을 관철시키기 위해 '위장술'로 '연기'를 한다. 공작의 아량에 감화를 받은 안토니오는 타쏘가 공작의 곁을 떠나면 고통과 불행만 뒤따를 거라며 떠나지 말라고 진심으로 만류한다. 하지만 타쏘는 안토니오의 진심을 알아보지 못하고, 안토니오가 자신을 내쫓으려는 속내를 숨기고 교묘한 언사로 만류하는 척 한다고 여길 뿐이다.

> 이제 궁정을 지배하는 권모술수가 분명히 보이는구나.
> 안토니오가 나를 여기서 내쫓으려 하나
> 겉으로는 그렇게 보이고 싶지 않은 거야.(2749~2751행)

이처럼 타쏘는 오로지 자신의 고정관념에 따라 생각하고 판단한다. 평소에 우유부단한 몽상가인 타쏘가 이처럼 단호한 확신을 가질수록 사태를 객관적으로 보지 못하고 자신이 믿는 대로 보는 맹목성에 빠진다. 공작이 안토니오를 보내서 '완전한 자유'를 준 것도 떠나보내기 위함이라 여기는 것이다. 하지만 타쏘가 이런 억측을 부풀리는 사이에도 공작은 타쏘에 대한 신뢰를 의연히 지키고 있다. 타쏘를 만나고 온 안토니오에게 공작은 이렇게 말한다.

재능 있는 인재를 불러 모으지 못한
군주는 군대 없는 야전사령관 같고
시(詩)의 목소리를 듣지 않는 사람은
지위고하를 막론하고 야만인이오.(2846~2849행)

이어서 다시 공작 앞에 나타난 타쏘는 로마에 가서 원고를 더 다듬고 완성할 수 있도록 이미 헌정했던 서사시를 돌려달라고 공작에게 청한다. 공작과 공주의 하사품인 '칼'과 '월계관'을 돌려준 상황을 떠올리면 서사시 헌정을 철회하려는 것이 타쏘의 속마음이라고 짐작할 수 있다. 하지만 성품이 고결한 공작은 타쏘가 떠나고 없는 동안에도 그의 훌륭한 작품을 공주와 함께 읽을 수 있도록 원고는 자신이 간직하고 필사본을 만들어주겠노라고 답한다. 그럼에도 타쏘는 공작의 애정 어린 진심을 알아듣지 못하고 공작의 말에서 원수인 '안토니오의 목소리'만 들려온다고 착각한다. 공작이 올바르게 통찰하듯 타소의 운명을 위협하는 '함정'은 바로 타쏘의 '마음속'에 있는 것이다.

공주와 마지막으로 대면하는 장면에서 타쏘의 마음은 지옥과 천국 사이를 오간다. 공작과 공주로부터 버림받았다고 착각하는 타쏘는 '거지 순례자'가 되어 고향의 누이동생을 찾아가겠노라고 말하기도 하고, 또 공작의 여름별궁을 가꾸는 정원사가 되겠다고 말하기도 한다. 그러자 공주는 "나는 그대를 그대의 뜻에 맡길 수밖에 없으나/내 마음은 그대를 버리지 못하오."(3220~3221행)라며 진심을 토로한다. 그러자 타소는 "잠시나마 마마의 본심을 알아보지 못한/어리석은 인간의 흐린 눈을 용서해주소서."(3248~3249행)라며 자신의 오해를 뉘우친다. 그러고는 "마마께서 영원히 저를 차지하셨으니/저의 전 존재를 받아주소서!"(3282~3283행)라며 공주의 품에 쓰러지면서 공주를 힘껏 끌어안는다. 이 불경한 돌발행동에 공주는 "물러나시오!"라고 하면서 타쏘를 밀쳐내고 달아나며, 타쏘는 의식을 잃고 쓰러진다.

한참 만에 깨어난 타쏘는 완전히 실성한 광인의 모습을 보인다. 그에게 깊은 동정심을 느끼는 안토니오에게 '나를 고문하여 서서히 죽이시오'라고 분노를 터트리며, 현장에 없는 공작에게는 '어서 물러가라, 폭군아! 나는 너를 증오한다.'라고 폭언을 퍼붓는다. 공작을 저주하는 다음 발언은 타쏘의 광기가 극에 달했음을 보여준다.

> 나를 치장하여 희생양으로 제단 앞에
> 데려가려고 내게 화관을 씌워주었구나!
> 마지막 날에 매끄러운 말로 나를 꼬드겨서
> 유일한 재산인 내 시를 내게서
> 탈취하여 돌려주지 않았구나!(3314~3318행)

이어서 공주에 대해서는 '나를 그리도 다정하게 유혹했던 요마(妖魔)야, 이제 갑자기 네 정체가 보인다!'라고 극언을 쏟아내고, 백작부인은 '교활한 뚜쟁이'라고 매도한다. 이러한 광기의 발작은 괴테의 작품을 통틀어 유례를 찾을 수 없을 정도로 극단적인 모습으로 적나라하게 묘사되어 있어서 그 원인에 관해 여러 가지 생각을 불러일으킨다.

우선 공주를 포옹하고 기절해서 쓰러지는 장면이 선명히 보여주듯 공주에 대한 열정적 사랑을 해소할 출구가 막혀 있는 것이 타쏘의 마음을 병들게 하는 결정적 원인이라 할 수 있다. 공주를 사랑하지만 감히 감정표현을 해서는 안 되는 궁정의 법도와 금기는 궁정시인 타쏘의 정체성과 직결된다. 타쏘 스스로 거듭 밝히듯이 공주의 아름다움과 고매한 심성은 그에게 시적 영감을 불러일으키는 원천이다. 하지만 공주를 찬미하는 그의 시는 자연스럽고 인간적인 감정의 표현이 아니라 어디까지나 궁정의 예법이 허용하는 테두리 안에 머물러 있어야 한다. 다시 말해 그의 시 역시 궁정의 법도에 구속을 받으며, 그의 시는 자립적 존립기반을 상실한다. 타쏘가 궁정시인으로 있는 한 그는 인간적으로나 시인으로서 결코 자유로울 수 없는 것이다.

괴테는 타쏘의 성격과 운명을 '예술적 재능과 삶의 부조화'라 언급한 적이 있는데, 여기서 말하는 '삶'은 궁정시인의 삶이다. 공작이 '유일한 재산인 시를 탈취'하려 한다는 타쏘의 말은 그 광기의 베일을 벗기고 보면 이제 공작과 공주를 위해 쓰고 그들에게 바치는 시는 더 이상 의미가 없다는 뜻을 함축한다. 그런 점에서 이 작품에 등장하는 타쏘는 16세기의 궁정시인이 아니라 시민적 자의식에 눈뜬 괴테 당대의 시인에 가깝다. 안토니오의 위로에 다소 정신을 차린 타쏘가 다음과 같이 말하는 것은 그런 의미로 이해할 수 있다.

> 자연은 내게 고통 속에서 고난의 깊고 풍부한
> 내용을 호소할 가락과 언어를 남겨주었소.
> 인간이 고통 속에서 말하지 못하나
> 신께서 내게 괴로움을 표현할 능력을 주셨소.(3432~3435행)

타쏘의 시는 그가 궁정에 매여 있는 한 발설할 수 없는 '인간적 고통'을 표현하는 노래 가락인 것이다. 작품 마지막에서 타쏘는 자기 앞에 놓인 삶을 거친 항해에 비유하면서 이렇게 말한다.

> 키가 부러졌고 배가 사방에서 깨지는
> 소리가 납니다. 제 발 밑의 바닥이
> 꽝 소리를 내며 쫙 벌어지는군요!
> 저는 양팔로 대감을 꼭 붙잡습니다!
> 이렇게 뱃사람은 마지막으로 자신의 배를
> 난파시킬 바위에 매달립니다.(3448~3453행)

작품의 이 열린 결말은 이탈리아에서 막 돌아온 괴테의

불확실한 미래와 겹쳐지는 것으로 보인다. 괴테는 10년 동안의 궁정생활에서 도피하여 이탈리아에서 생산적인 충전의 시기를 보내고 돌아와 바이마르 궁정에 복귀했다. 하지만 궁정사회가 과연 시인으로서의 삶을 다시 좌초하게 할지 아니면 창작의 든든한 기반이 될지 아직은 불확실한 상태에서 불안한 자의식이 표출되고 있는 것이다.

5. 쉴러의 역사극 『빌헬름 텔』과 자유의 이상

쉴러의 역사극 『빌헬름 텔』(Wilhelm Tell, 1804)은 쉴러의 희곡 가운데 작가의 생시와 후대에까지 가장 큰 호응을 얻었던 작품이다. 이 작품은 14세기 초반 합스부르크 제국의 지배를 받던 스위스가 제국에서 파견된 총독들의 폭정에 항거하여 민중봉기를 일으켜서 자유를 되찾았던 역사적 사실에 바탕을 두고 있다. 하지만 작품의 주인공 빌헬름 텔이 실존 인물이었는지는 분명치 않으며, 15세기부터 활쏘기 명사수 텔에 관한 전설이 다양한 형태로 전승되었다.

(1) 극적 사건의 전개

이 작품에서 극적 사건은 크게 두 가닥으로 전개된다. 한편으로 주인공 빌헬름 텔이 게슬러 총독의 미움을 사서

곤경에 처하는 이야기가 이어지고, 다른 한편으로는 스위스 산악지역 주들의 주민들이 폭정에 맞서서 동맹을 맺고 항거를 준비한다. 사건의 전개를 좀 더 구체적으로 살펴보면 다음과 같다.

[제1막] 스위스 산악지대의 호숫가에서 고기잡이 소년과 목동, 사냥꾼이 노래를 부르는 장면으로 작품이 시작된다. 이 장면은 스위스 산림지역 주민들의 평화로운 목가적 삶을 상징한다. 이어서 바움가르텐이 아내를 겁탈하려는 볼펜쉬센의 총독을 살해하고 기병들의 추격을 받으며 쫓겨온다. 바움가르텐은 사공에게 호수 건너편으로 건네 달라고 간청하지만, 공교롭게 사나운 폭풍우가 몰아쳐서 사공은 이를 거절한다. 이때 빌헬름 텔이 나타나서 배를 몰아 바움가르텐을 구해준다.

총독 게슬러는 통치권의 상징으로 장대에 모자를 걸어놓고 주민들에게 충성의 표시로 절을 하라고 강요한다. 주민의 한 사람인 멜히탈은 소를 빼앗아가는 총독 하인을 때려서 쫓아 보내고 도피 중인데, 그 벌로 아버지가 잡혀가서 눈알을 뽑히고 재산을 몰수당했다는 비보를 접한다.

[제2막] 조국 스위스의 장래를 걱정하는 노령의 아팅하우젠 남작은 조국을 등지고 총독의 편에 서 있는 조카 울리히 폰 루덴츠를 질책한다. 루덴츠는 많은 재산을 물려받은 처녀 베르타 폰 브루넥을 사랑하는데, 게슬러 총독 또한 그녀에게 눈독을 들이고 있다. 다른 한편 스위스 산림지대

의 슈비츠, 우리, 운터발덴 3개 주의 주민 대표 33명이 비밀리에 뤼틀리에 모여서 폭정에 항거하기로 맹약을 하고, 주민들이 총독에게 선물을 바치는 성탄절에 거사를 하기로 결의한다.

[제3막] 베르타 폰 브루넥은 루덴츠를 '오스트리아의 노예'라 꾸짖어서 마침내 루덴츠가 베르타에 대한 사랑을 통해 마음을 고쳐먹고 조국 스위스를 위해 싸우기로 결심한다. 빌헬름 텔은 아들 발터와 함께 '모자가 걸려 있는 장대' 곁을 지나가면서 절을 하지 않는다. 이에 게슬러 총독은 텔에게 아들의 머리 위에 사과를 얹어놓고 쏘아서 맞추라고 명령한다. 빌헬름 텔은 차라리 자기 목숨을 가져가라고 버티다가 마침내 활을 쏘아서 사과를 명중시킨다. 이때 텔은 또 하나의 화살을 갖고 있는데, 게슬러가 그 두 번째 화살의 용도를 묻자 텔은 만약 첫 번째 화살이 아들을 맞히면 게슬러를 쏘아 죽이려 했다고 사실대로 말한다. 그러자 게슬러는 텔을 투옥시키겠다고 체포해서 데려간다.

[제4막] 게슬러와 텔이 배를 타고 가던 중에 사나운 폭풍이 일자 그 틈을 이용하여 텔은 탈출한다. 그 사이에 게슬러는 루덴츠의 애인 베르타를 납치했고, 루덴츠는 봉기를 성탄절로 늦추어선 안 된다며 당장 행동에 나서겠다고 말한다. 탈출한 텔은 협곡에 숨어 있다가 게슬러가 지나갈 때 화살로 그의 심장을 쏘아서 죽인다.

[제5막] 텔의 행동을 신호탄으로 봉기가 일어나서 총독

의 성들이 함락되었다는 소식이 전해진다. 멜히탈은 아버지의 눈알을 뽑은 란덴베르크 총독을 죽이지 않고 추방했다고 보고한다. 총독들의 축출은 오스트리아가 침공할 빌미를 주었기 때문에 여전히 불안한 상황인데, 때마침 오스트리아 황제가 조카에 의해 피살되었다는 소식이 전해진다. 황제를 살해한 슈바벤 공작은 도피 중에 텔의 집에 찾아와서 도움을 청하고, 텔은 공작에게 로마에 가서 교황 앞에서 회개하라고 타이르면서 안전한 도피 루트를 알려준다. 작품 마지막 장면에서 텔의 집에 모인 주민들은 텔을 '구원자'로 받든다. 이어서 베르타가 루덴츠에게 청혼하며, 루덴츠는 모든 하인들의 해방을 선언한다.

이상에서 극중 사건 가운데 상당수는 실제 역사적 사실과 합치된다. 바움가르텐이 총독을 살해한 것은 1306년 10월이고, 슈베벤 공작이 오스트리아 황제를 살해한 것은 1308년 5월이다. 극중 시간대는 대략 1년 6개월에 해당되는데, 가령 엄격한 고전적 통일의 원칙에 충실한 『매리 스튜어트』(Maria Stuart, 1801)가 불과 며칠 사이에 일어난 사건을 다루고 있는 것과는 매우 대조적이다. 극중 장면 역시 모두 16번이나 바뀌고 13곳의 장소에서 사건이 펼쳐진다. 게다가 수십 명의 인물이 등장하는 것도 이례적이다. 무대 연출에 부담을 주고 극적 통일성을 이완시킬 수 있는 이런 요소들을 보완하는 장치의 하나는 오페라적 요소이다. 무대의 막이 열리면서 노래로 작품이 시작되고, 빌헬름 텔이 협곡에 숨어서 총독을 기다리는 장면에서는 결혼식 행렬이 지나가면서 음악이 연주된다. 작품 마지막 장면에서 빌헬름 텔의 집에 주민들이 모여서 '구원자 만세!'를 외치고 음악이 연주되는 장면도 오페라의 대미를 떠올리게 한다.

수많은 사건들을 서로 연결시켜주고 통일성을 담보하는 중요한 서술기법으로 서사적 요소가 적절히 활용된다. 쉴러가 괴테와 함께 편지로 주고받은 의견을 괴테가 정리한 「서사문학과 극문학에 대하여」에서 밝히고 있듯이, 서사적 요소의 핵심은 이미 지나간 사건을 이야기하는 것이다(이 책의 IV장 1절 참조). 가령 1막에서 바움가르텐은 총독을 살해한 경위에 관해 이야기하고, 유복한 평민 슈타우파허가 새로 지은 근사한 집을 게슬러 총독이 못 마땅해 하더라는 이야기, 멜히탈의 아버지가 아들의 괘씸죄에 대한 징벌로 눈알이 뽑혔다는 이야기, 체포되어 호송 중이던 빌헬름 텔이 폭풍우를 틈타서 탈출한 이야기, 그리고 텔의 거사를 계기로 주민들이 총독의 성들을 함락했다는 이야기 등이 모두 서사적 보고에 해당된다. 이러한 서사적 보고는 관객들에게 무대에서 재현되지 않는 사건들에 관한 정보를 알려줄 뿐 아니라, 극중 인물들이 사건진행에 관한 인식을 공유하면서 집단적 유대와 결속을 다지는 데도 기여한다.

(2) '동맹'의 정치적 성격

이 작품이 큰 호응을 얻었던 이유 가운데 하나는 작품에서 묘사되는 폭정에 대한 항거와 자유의 승리가 곧 쉴러 당대의 첨예한 정치 문제에 대한 직접적인 응답이라 여겨졌기 때문이다. 누구보다 프랑스 독자와 관객들이 이 작품을 프랑스 대혁명의 이념에 대한 적극적인 옹호라고 환영했다. 바이마르 궁정극장에서 초연을 할 때는 오스트리아 황제 살해가 언급되고 봉기의 성공을 알리는 제5막은 제외하고 공연되었다. 독일의 다른 도시들에서 공연될 때도 민감한 대목에 대한 검열이 따랐다. 그렇지만 쉴러 자신은 프랑스 혁명이 공포정치로 변질되고 루이 왕이 처형된 이후에 집필한 미적 교육론에서 프랑스 혁명을 '거칠고 무법적인 충동'의 분출이라고 엄정히 비판했다(이 책의 III장 3절 참조). 따라서 이 작품을 프랑스 혁명에 대한 옹호라 보는 것은 작가의 견해에 어긋난다. 실제로 작품을 자세히 읽어보면 폭정에 대한 항거가 절대왕정을 타도하려는 혁명과는 다르다는 것이 밝혀진다. 우선 제2막 2장에서 3개 주의 평민 대표들이 모여서 동맹을 맺는 장면을 중심으로 이들이 추구하는 정치적 목표를 살펴보기로 하자.

집회의 시작 부분에서 멜히탈은 눈알을 뽑힌 아버지에 대한 복수심을 불태운다. 그러자 슈타우파허는 지나간 일에 대해 복수하려는 게 아니라 앞으로 닥칠 만행에 대처하려는 것이니 복수를 거론하지 말라고 타이른다. 실제로 작품 마지막에서 총독의 성을 함락시키고 총독을 사로잡았을 때 멜히탈의 아버지는 '복수는 열매를 맺지 못한다'며 아들을 타일러서 총독을 살려주고 국경 밖으로 추방한다. 뿐만 아니라 총독의 성들은 거의 무혈입성으로 함락되었다고 보고된다. 개인적 원한에 대한 복수와 인명살상을 자제하는 이러한 봉기는 예컨대 15세기 초에 독일에서 일어난 농민봉기와 엄연히 구별된다. 당시 귀족들을 무자비하게 살해했던 농민봉기 가담자들은 반란이 진압된 후 잔혹하게 처형되었던 것이다.

3개 주의 대표들은 이 비밀 집회를 평상시의 '주의회'를 대신하는 것으로 규정하고 주의회의 절차에 따라 의사결정을 진행한다. 하급 성직자를 대표하는 성물 관리인이 누가 의회의 대표자가 되어야 하느냐고 묻자 '운터발덴' 주의 사람이 먼저 양보한다. 그리고 멜히탈은 자신이 속해 있는 '우리' 주는 총독의 폭정으로 인한 억울함을 탄원하는 입장에 있으니 대표 자리를 양보하겠다고 말한다. 이렇게 해서 자연스럽게 '슈비츠' 주가 대표를 맡게 된다.

그 다음에는 '슈비츠' 주의 사람 중에 누가 주지사 겸 의회 의장을 맡을 것인가를 놓고 토론한다. 전직 주지사인 레딩이 추천되자 참석자 전원이 손을 들어 만장일치로 의장 선출에 동의한다. 의장에 선출된 레딩은 이 '새로운 동맹'이 어떤 목표를 추구할 것인지 참석자들에게 묻는다. 의

장이라고 해서 마음대로 의사결정을 하지 않고 좌중의 의견을 묻는 민주적 절차를 따르는 것이다. 그러자 슈타우파허는 새로운 동맹을 맺으려는 것이 아니고 옛 선조들로부터 전해오는 동맹을 되살리려는 것이라고 하면서 '천 년' 동안 지켜온 오랜 전통을 들려준다. 이 대목에서 슈타우파허는 서사시의 낭송자처럼 과거 역사를 들려준다. 그에 따르면 스위스는 신성로마제국 황제의 직할령이었고, 전쟁이 일어나면 전사로 참여하는 의무를 대가로 완전한 자유를 보장받았다는 것이다. 그런 터에 오스트리아가 총독을 파견하여 폭정을 일삼는 것은 묵과할 수 없다는 것이다.

이처럼 '동맹'이 추구하는 것은 예로부터 내려오던 자유인의 권리를 되찾겠다는 것이지 프랑스 혁명처럼 봉건절대왕정을 타도하겠다는 것이 아니다. 자신들의 자유를 억압할 뿐 아니라 폭정을 일삼는 총독 세력을 몰아내겠다는 것이다. 더 정확히 말하면 자치를 위한 저항권을 주장하는 것이다. 정치적 식견이 해박한 슈타우파허는 다음과 같이 설명한다.

> 그렇지 않습니다. 폭군의 권력도 한계가 있습니다.
> 억압받는 자가 어디서도 권리를 찾을 수 없다면,
> 짊어진 짐이 견딜 수 없이 무겁다면 —
> 그럴 때는 대담하게 하늘을 향해 손을 뻗어
> 자신의 영원한 권리를 되찾는 것입니다.

천상의 별들처럼 양도할 수도
파괴할 수도 없는 불가침의 권리를 말입니다.
사람들이 대등하게 서로 마주 대하던
원래의 자연상태를 되찾는 것입니다.(76면)[8)]

이러한 발언은 일차적으로 고대 부족국가 시절에 폭군에 대한 저항권이 있었음을 상기시키는 것이다. 하지만 18세기 당대의 맥락에서 보면 인간은 누구나 양도할 수 없는 불가침의 천부인권을 타고 났다는 자연법(Naturrecht) 사상과 연결된다. 자유와 평등의 주장이라는 점에서는 프랑스 혁명의 이념과 상통하는 것이다. 이어서 슈타우파허는 폭정에 맞서는 다른 어떤 수단도 소용이 없으면 최후의 수단으로 '칼'을 잡을 수밖에 없다고 무력 저항권을 주장한다. 그러자 다른 참석자들은 봉기를 하기 전에 총독들의 폭정에 대해 황제에게 탄원하는 평화적인 방식에 호소해야 한다고 신중론을 편다. 하지만 황제에게 탄원서를 가지고 갔다는 참석자는 황제 측근에 있는 귀족들의 방해로 그런 탄원이 아무런 소용이 없었다고 보고하여 결국 봉기를 일으키기로 결의한다. 다만, 황제의 노여움을 사지 않도록 가능하면 피를 흘리지 말고, 적이 무장하기 전에 기습해서 제압하자는 전략에 합의한다. 그리고 총독의 성에 자연스럽

8) 인용은 다음 번역본에 따르며 본문에서 괄호 안에 면수를 표기함. 쉴러: 『빌헬름 텔』, 이재영 역, 을유문화사 2009.

게 들어갈 수 있는 성탄절에 거사를 결행하기로 의견을 모은다.

이상에서 살펴본 3개 주 동맹의 의사결정 방식은 평상시 주의회의 적법한 절차를 그대로 따르고 있다. 그리고 이들이 추구하는 정치적 목표 역시 스위스의 산림지역 주들이 전통적으로 누려온 자유를 되찾는데 주안점을 두고 있다. 다만, 슈타우파허의 대사에서 보듯이 여기에 '평등'의 요구가 추가됨으로써 프랑스 혁명 이후의 첨예한 정치적 쟁점이 부각된다. 이 비밀 집회에 평민들만 참석하고 귀족들은 배제되어 있다는 사실도 평민과 귀족은 평등하지 않은 현실의 결과일 것이다. 그렇다면 귀족들은 봉기에서 배제되고 아무런 역할도 하지 못하는가?

이 물음과 관련하여 80세의 고령인 아팅하우젠 남작이 죽기 직전에 남기는 말은 의미심장하다. 총독을 몰아내기 위해 동맹이 맺어졌다는 소식을 들은 남작은 귀족들도 가담했는지 묻는다. 슈타우파허는 거사가 벌어지면 귀족들도 협조할 거라고 기대하지만 지금까지는 농민들만 서약을 했다고 답한다. 그러자 남작은 "그러면 우리(=귀족들)의 힘은 필요하지 않으니/우리는 마음 놓고 무덤으로 갈 수 있겠소."(140)라며 봉기에서 귀족의 역할은 없겠다는 뜻으로 체념의 말을 한다. 이어서 남작은 "낡은 것은 무너지고, 시대는 변화하여/새로운 삶은 폐허에서 꽃피리라."(141)라며 낡은 체제가 무너지고 새로운 시대가 열릴 것임을 직감한다. 이렇게 말하는 남작의 얼굴에는 환한 광채가 서려서 그에게 선지자적 품격을 부여한다. 따라서 남작의 말은 곧 새로운 시대의 개벽에 대한 예언이라 해도 무방할 것이다.

그런데 남작은 스위스 도처에서 귀족들이 "자신의 오래된 성에서 내려와 시민으로서 시에 맹세를 하고 있소."(141)라며 귀족들이 전통적 특권을 포기하고 시민들과 연대하는 시대적 변화를 언급한다. 그리고 폭정에 항거하여 귀족과 평민이 단결하라고 거듭 호소하면서 눈을 감는다. 그리고서 처음에는 오스트리아 편이 되어 남작의 질책을 받았던 루덴츠가 등장하여 거사에 참여하겠다고 나섬으로써 평민들과 귀족의 연대가 성사된다. 루덴츠는 평민들도 존경해 마지않는 아팅하우젠 남작의 조카이고 남작은 숨을 거두었으므로 사실상 남작의 역할을 계승하는 귀족 대표자인 셈이다. 따라서 루덴츠의 봉기 참여는 곧 전체 귀족들의 참여를 뜻한다. 그리고 작품 마지막에서 그가 '하인들'의 해방을 천명하는 것은 신분차별을 없애겠다는 새로운 입법을 상징한다.

(3) 빌헬름 텔의 역할과 상징성

이미 언급한 대로 주인공 빌헬름 텔은 역사적 실존 여부가 확인되지 않는 전설적 인물이다. 따라서 작품에서 텔은 허구적 요소가 가장 짙은 인물이다. 텔이 3개 주의 동맹에 가담하지 않고 단독자로 행동하는 것도 역사적으로 실재했던 동맹의 일원이 될 때 텔의 행위가 제약받는 것을 피하기 위한 극적 장치라 할 수 있다. 예컨대 동맹은 '가능하면 피를 보지 않고' 총독들을 축출하자고 결의했다. 그런데 만약 텔이 동맹의 일원이 되어 자신의 행위에 대해 미리 상의해야 하는 처지였더라면 과연 게슬러를 활로 쏘아 죽이는 행위가 가능했을까 하는 의문이 드는 것이다. 그렇지만 텔이 게슬러를 죽인 사건을 도화선으로 봉기가 성공했으므로 텔의 역할은 결정적이다. 그럼에도 텔은 끝까지 단독자로 행동하기 때문에 결코 정치적 지도자는 아니다. 그런 점에서 텔은 이 작품의 사건을 쉴러 당대의 정치적 상황에 직접 대입하지 않고 거리를 두고 보게 하는 상징적 일반화의 기능을 수행한다.

무엇보다 텔의 사람됨과 성격은 근대인의 그것과는 거리가 멀어 보인다. 그는 험준한 산악지대를 누비는 최고의 사냥꾼이자 아무리 사나운 폭풍우에도 배를 안전하게 몰아가는 놀라운 능력을 지녔다. 작품의 첫 장면이 암시하는 대자연과 일치된 삶을 살아가는 것이다. 그리고 바움가르텐을 구해주는 장면에서 보듯이 위험에 처한 사람을 보면 자신의 목숨을 걸고라도 도와준다. 그런데 나중에 게슬러를 죽이는 이유는 가족의 안위를 지키기 위해서이다. 따라서 목숨을 걸고 바움가르텐을 도와주는 것은 이중적 의미에서 앞뒤를 따지지 않는 무모한 행동처럼 보인다. 만약 텔이 바움가르텐과 함께 폭풍우에 희생된다면 사랑하는 가족을 다시는 보지 못할 것이다. 바움가르텐을 무사히 구해준다 하더라도 총독 살해자에 대한 추격을 따돌린 것이기 때문에 다른 총독의 보복을 피할 수 없다. 그럼에도 텔은 생면부지의 사람을 구해주기 위해 이중의 위험을 자청하는 것이다. 바움가르텐을 도와주면서 텔은 "행실이 바른 사람은 자기 자신을 가장 나중에 생각합니다."(15)라며 '해야만 하는 일을 할 뿐'이라고 말한다. 어떤 위험이 닥쳐도 자신의 안위를 돌보지 않고 옳은 일은 무조건 행하는 성격이다.

그런 텔이 총독을 몰아내는 동맹에 동참해달라는 제안을 거절하는 이유도 그의 성격에 따른 당연한 귀결이다. 텔은 "폭력을 휘두르는 자는 잠시 지배할 뿐이지요."라고 하면서 "나는 오랫동안 따지고 선택하는 일은 하지 못합니다."(31)라며 동참 제안을 거절하는 것이다. 폭력은 오래 가지 못한다는 순리에 대한 낙관적 믿음과 '따지고 계산하는' 일은 하지 못하는 자연인의 천성 때문인 것이다. 그러면서도 텔은 자신의 '행동'이 필요하면 언제든지 도움을 청하라고 말미를 열어둔다.

텔이 바움가르텐을 구해주자 추격병들은 근처의 오두막을 불태우고 가축을 도살하며, 그러자 주민은 '언제 이 나라에 구원자가 올 것인가?'라며 탄식한다. 시대를 초월한 듯한 목가적 자연 속에서 독립불기의 자유인으로 살아가는 텔은 바로 '구원자'의 이미지에 가깝다. 게슬러는 장대에 걸어놓은 모자에 절을 하지 않은 텔에게 아들의 머리 위에 놓인 사과를 쏘아 맞히라고 명령하면서 이렇게 말한다.

> 너는 정말 모든 것을 해낼 수 있다.
> 텔, 너는 아무것도 주저하지 않는다.
> 노를 활처럼 젓고, 구원이 필요하면
> 폭풍우도 두려워하지 않는다 —
> 자, 이제, 구원자여, 너 자신을 구해보아라!
> 너는 모든 사람을 구해주니까!(115)

물론 게슬러는 잔인함을 즐기기 위해 이렇게 비아냥거리지만, 총독 살해자를 구해준 텔을 주민들이 '구원자'로 받들고 있으며 따라서 텔이 가장 위협적인 존재임을 알아보는 것이다. 게슬러가 텔에게 잔인하게 보복하는 것도 그 때문이다. 하지만 다행히 텔은 사과를 명중시킨다. 그러자 게슬러는 '두 번째 화살'의 의미를 묻는데, 목숨을 살려줄 테니 사실대로 털어놓으라고 하자 텔은 만약 아들이 화살에 맞게 될 경우 게슬러를 쏘기 위해서라고 말한다. 앞뒤를 재지 않은 텔의 직선적 성격이 여기서도 드러난다. 결국 체포되어 끌려가면서 텔은 매달리는 아들한테 이렇게 말한다. "하늘에 너의 아버지가 계신다! 그분께 호소해라!"(122) 그리고 부인에게 전할 말을 묻는 슈타우파허에게는 이렇게 말한다. "아이가 다치지 않았어요. 하느님은 저를 도와주실 것입니다." 하느님이 도와서 아들을 살렸으니 어떤 시련에도 굴하지 않고 하느님이 도와줄 거라는 이런 믿음에서도 수난당하는 구원자의 이미지가 느껴진다.

사과를 쏘는 장면에서 어린 아들 발터 텔이 보여주는 의연한 태도는 경이롭다. 발터는 조금도 놀라거나 두려워하지 않는다. 외할아버지 발터 퀴르스트가 게슬러 앞에 몸을 던지며 선처를 호소하자 발터는 가당치 않은 인간 앞에 무릎을 꿇지 마시라고 외친다. 그리고 총독을 수행하는 고위 성직자가 활을 쏘기 전에 눈이라도 가리자고 하자 발터는 이렇게 외친다.

> 왜 눈을 가리죠? 아버지가 쏘는 화살을
> 제가 두려워할 거라고 생각하세요?
> 저는 끄떡없이 기다릴 테고, 눈도 깜짝하지 않겠어요 —
> 어서요, 아버지, 명사수라는 걸 보여주세요!
> 저 사람은 아버지를 믿지 않아요. 우리가 잘못될 거라 생각해요 —
> 저 폭군이 분통이 터지도록 쏘아서 맞히세요.(113)

아버지 텔의 고통과 대비되는 어린 아들의 놀라운 의연한 모습은 하늘이 내린 천사처럼 느껴진다. 선지자적 인상을 주는 아팅하우젠 남작은 임종 자리에서 어린 발터의 머리 위에 손을 얹고 "사과가 놓여 있던 이 머리에서 새롭고 더 좋은 자유가 여러분과 함께 자라날 것이오."(141)라고 예언한다. 그렇게 보면 어린 발터는 미래의 새로운 역사를 점지하는 상징성을 지닌다 하겠다.

텔은 게슬러에게 끌려가던 도중에 폭풍우를 틈타서 탈출에 성공한다. 협곡에서 게슬러를 기다리며 텔은 긴 독백으로 게슬러를 살해하려는 자신의 결단을 가족을 지키기 위한 정당방위로 정당화한다. 평소에 거의 말이 없고 모든 것을 행동으로 보여주는 텔이 거의 100행 가까이 되는 긴 독백으로 자신의 심경을 토로하는 것은 게슬러를 죽이려는 결단이 결코 쉽지 않음을 말해준다. 아직 나타나지 않은 표적 게슬러를 향해 텔은 이렇게 독백한다.

> 너는 나의 평화를 깨뜨렸고
> 경건한 사고방식의 젖줄을
> 부글부글 끓어오르는 용의 독으로 변화시켰고
> 나를 끔찍한 일에 익숙하도록 하였다 —
> 어린아이의 머리를 표적으로 삼은 자는
> 적의 심장을 맞힐 수도 있느니라.(149)

가족을 지키기 위해 폭군을 죽이려는 것이지만 어떻든 살인이기에 '끔찍한 일'인 것이다. 그럼에도 텔이 게슬러를 쏘게 만드는 또 다른 결정적 계기는 이름가르트라는 여인이 어린아이들을 데리고 나타나서 게슬러를 가로막고 6개월째 감옥에 있는 남편을 풀어달라고 탄원하기 때문일 것이다. 말을 탄 게슬러가 여인을 끌어내라고 명령하자 여인은 게슬러에게 반말로 재판관의 직분대로 정의를 베풀라고 요구한다. 그러자 게슬러는 말로 짓밟고 가겠다고 위협하고, 이에 여인은 아이들을 땅에 엎드리게 하고 드러누워서 이렇게 절규한다.

> 너의 말발굽에 이 불쌍한 고아들이 밟혀 죽게 해다오.
> 너는 이보다 더한 짓도 했으니.(159)

이어서 여인은 '내가 남자라면 더 나은 일을 할 수 있을 것이다'라고 외치는데, 남자라면 게슬러의 폭정에 힘으로 항거하겠다는 말이다. 그러자 게슬러는 자신이 너무 온건해서 이런 일이 벌어진다며 새로운 법을 공포하겠다고 말하는데, 바로 그 순간에 텔의 화살이 게슬러의 가슴을 명중시킨다. 이름가르트와 아이들의 처지는 만약 텔이 투옥되었더라면 부인과 아이들이 겪었을 상황과 똑같다. 그래서 게슬러가 새로운 법을 선포하려는 순간에 텔이 '남자라면 해야 할 더 나은 일'을 결행한 것이다. 게슬러가 선포하려던 법의 내용이 구체적으로 드러나지는 않지만, 아마도 총독의 행차를 가로막는 주민은 이유여하를 불문하고 투옥하거나 극형에 처하라는 악법일 것이다. 그렇게 되면 남편이 감옥에 있는 아녀자들의 목숨도 더 이상 안전하지 못할 것이다. 텔이 게슬러를 쏠 수밖에 없는 이유이다.

텔의 저격으로 게슬러가 죽고, 무혈봉기는 성공한다. 하지만 텔의 행위는 봉기의 성공만으로 온전히 정당화되지 않는데, 오스트리아 황제 살해자인 슈베벤 공작 파리치다와 텔의 조우에서 그 점이 암시된다. 수도승으로 변장하여 텔의 집을 찾아온 파리치다는 텔이 포악한 총독을 살해했듯이 자신도 상속권을 찬탈한 황제를 살해했다고 말한다. 실제로 오스트리아 황제가 파리치다에게 돌아갈 유산과 지위를 인정하지 않은 것이 살해의 동기였다. 이어서 파리치다는 포악한 총독을 파견한 황제는 텔의 적이기도 하지 않느냐고 동의와 동정을 구한다. 하지만 텔은 친족인 황제를 살해한 자가 감히 이 집에 발을 들여놓느냐고 질타한다. 이에 파리치다가 텔에게 당신도 적에게 복수하지 않았냐고 되묻자 텔은 '명예욕으로 인한 살인죄'를 감히 '아버지의 정의로운 정당방위'와 혼동하느냐고 꾸짖는다.

불행한 사람이여! 너의 명예욕으로 인한 살인을
한 아버지의 정의로운 정당방위와 혼동해서 되겠는가?
네가 자식의 사랑스런 머리를 보호했느냐?
가정의 성스러움을 보호했느냐? (…)
나는 나의 깨끗한 두 손을 하늘로 향해 쳐들고
너와 네 행위를 저주하노라 —
나는 네가 더럽힌 신성한 자연의 권리를 위해 복수했노라 —
나는 아무것도 너와 공유하지 않는다 —

> 너는 암살을 한 것이고, 나는 나의 가장 고귀한 것을 보호하였노라.(184)

텔은 게슬러 살해를 '신성한 자연권'의 회복을 위한 정의로운 행위라 확신하고 파리치다의 파렴치한 친족살해를 저주하는 것이다. 하지만 텔의 말에 파리치다가 깊이 뉘우치면서 자비를 구하자 텔은 아직 18세에 불과한 파리치다의 기구한 운명에 연민을 느끼며, 파리치다가 도움을 청하자 이렇게 말한다.

> 내가 당신을 도울 수 있겠소? 죄지은 인간이?
> 일어서시오. 당신이 저지른 죄가
> 아무리 흉악해도 당신도 나도 인간이오.
> 텔에게 위로받지 못하고 떠나는 사람이 있어선 안 되오.(186)

앞에서 텔이 구원자의 이미지에 가깝다고 했듯이 이 장면에서도 파리치다는 텔에게 구원의 손길을 내밀고 있다. 이미 죄를 뉘우치는 파리치다에게 구원은 단지 목숨을 구하는 것이기 이전에 죄를 사면 받고 영혼을 구제받는 것이 더 절실하다. 그래서 텔은 구원의 손길을 내미는 죄인 앞에서 자신이 과연 죄를 사면해주고 영혼을 구제해줄 자격이 있는지 되묻고 있는 것이다. 그런 자기성찰 끝에 텔은 스스로를 '죄지은 사람'이라 일컫는다. 그리고 파리치다의 죄도 자신의 죄와 마찬가지로 똑같은 인간적 과오이므로 같은 인간된 도리로 파리치다에게 '위로'를 해주는 것이다.

텔의 말에 파리치다는 벌떡 일어나서 텔의 손을 잡으며 "당신은 나의 영혼을 절망으로부터 구해주십니다."라고 감동한다. 텔은 자신의 '죄'를 고백함으로써 죄인의 영혼을 구제하는 구원자 역할을 수행하는 셈이다. 이어서 텔은 파리치다에게 로마에 가서 교황 앞에 무릎을 꿇고 죄를 고해하고 영혼의 구제를 받으라고 조언한다. 그리고 안전하게 스위스를 빠져나갈 수 있는 길을 가르쳐주면서 길에서 십자가를 볼 때마다 '통한의 눈물을 흘리며 속죄하라'고 타이른다. 아마 텔의 이러한 충고에는 사람을 죽인 자신의 죄를 속죄하는 마음도 없지 않을 것이다. 실존 인물 파리치다는 텔의 조언대로 교황 앞에서 고해하고 수도사가 되었다고 전해진다.

이 작품의 베를린 초연 당시 연출가는 아직 합스부르크 황실이 건재한 상황에서 황제 살해라는 불경스러운 대목이 거슬리니 파리치다 에피소드를 삭제하자고 제안했다. 검열을 의식했던 이런 제안에 그러나 쉴러는 이 장면이 꼭 들어가야 한다고 강조했다. 아무리 가정과 나라를 구하기 위한 정의로운 행위라 할지라도 사람을 죽인 텔의 죄의식을 정화하여 영혼의 순수함으로 인도하기 위해 꼭 필요한 장면인 것이다.

집으로 돌아온 텔이 활을 소지하지 않은 것도 그런 문제의식과 합치된다. 아들이 활을 어디에 두었냐고 묻자 텔은 '성스러운 곳'에 보관해두었다며 '앞으로는 활을 사냥에 쓰지 않을 것'이라고 말한다. 천직이 사냥꾼임에도 이제 다시는 살생을 하지 않겠다고 다짐하는 것이다. 그리고 작품 마지막 장면에서 텔의 집에 모인 주민들이 "텔 만세! 명사수, 구원자 만세!"(190)라고 환호해도 텔은 아무 말이 없다. 텔의 침묵은 조용히 행복을 즐기는 소박한 감동의 표시가 아니라 목가적 무구함을 상실하고 마음을 옥죄는 긴장감의 표시라 보는 것이 타당할 것이다(Alt, 2000:584). 이로써 쉴러는 텔의 전설에서 구국영웅의 이미지를 걷어내고 텔의 순수한 인간적 면모를 부각시킨다. 텔은 역사의 소용돌이에 휩쓸려 목가적 이상향에서 추방된 근대적 개인인 것이다. 칸트를 섭렵했던 쉴러는 목적이 수단을 정당화하지는 않는다는 칸트 윤리학의 정언명령에 충실하게 진정한 윤리적 자유만이 온전한 인간적 자유를 보증한다는 것을 역설하고 있다.

독일 고전주의 연보

1775	괴테, 바이마르에 이주(11월 7일)	미국 독립전쟁 발발 괴테 희곡 『스텔라』
1776	괴테, 추밀고문관에 임명됨 헤르더, 바이마르에 이주	클링어 희곡 『슈투름 운트 드랑』 렌츠 희곡 『병사들』 E.T.A. 호프만 태어남
1777		클라이스트 태어남
1778	헤르더 『민요 모음집』	바이에른 왕위계승전쟁 레싱 희곡 『반(反) 괴체』 브렌타노 태어남
1779	괴테 희곡 『타우리스의 이피게니에』	글루크 각색 『타우리스의 이피게니에』 파리 초연 레싱 희곡 『현자 나탄』
1780		빌란트 서사시 『오베론』
1781		레싱 사망 칸트 『순수이성 비판』
1782	괴테 귀족 작위 받음	쉴러 『도적떼』

1783	쉴러 『피에스코』
1784	쉴러 『음모와 사랑』
1785 괴테 『빌헬름 마이스터의 연극적 사명』	모리츠 소설 『안톤 라이저』 독일 최초의 증기기관 도입
1786 괴테, 이탈리아 여행 떠남	
1787 괴테 『타우리스의 이피게니에』 운문 개작	쉴러 『돈 카를로스』
1788 괴테, 이탈리아에서 돌아옴	괴테 『에흐몬트』 칸트 『실천이성 비판』
1789 쉴러, 예나 대학 역사학 교수 취임	괴테 『토르콰토 타쏘』 프랑스 대혁명
1790 괴테 『파우스트』 초고	
1791 바이마르 궁정극장 새로 개관	헤르더 『인류의 역사철학을 위한 이념』
1792 괴테, 아우구스트 공작을 수행하여 프랑스 원정에 종군	쉴러에게 프랑스 명예시민권 수여됨
1793	프랑스 공포정치, 루이 16세 처형
1794 괴테와 쉴러의 긴밀한 유대 시작	프랑스 공포정치 종식

1795 괴테 『독일 피난민들의 담화』	쉴러 『인간의 미적 교육을 위한 서한』
1796 괴테 『빌헬름 마이스터의 수업시대』	쉴러 「소박문학과 감상문학」 괴테 · 쉴러 『크세니엔』
1797 괴테 서사시 『헤르만과 도로테아』	괴테 · 쉴러 『발라드』 횔덜린 『히페리온』
1798 괴테 〈프로필레엔〉 창간	장 파울, 바이마르에 이주
1799 쉴러, 바이마르에 이주	슐레겔 『루친데』
1800 쉴러 『매리 스튜어트』	노발리스 『밤의 찬가』 장 파울 『티탄』
1801 쉴러 『오를레앙의 처녀』	노발리스 사망
1803 쉴러 『메시나의 신부』 괴테 『사생아』	클롭슈토크, 헤르더 사망 스타엘 부인 바이마르 방문
1804 쉴러 『빌헬름 텔』	칸트 사망
1805	5월 9일 쉴러 사망
1806 괴테, 불피우스와 정식 결혼	아르님 · 브렌타노 『소년의 마술 피리』 나폴레옹 군대 바이마르 점령
1807	헤겔 『정신 현상학』
1808	괴테, 나폴레옹 접견

괴테 『파우스트』 제1부	클라이스트 『펜테질레아』
1809 괴테 『친화력』	빌헬름 훔볼트, 프로이센 교육부장관 취임
1810 괴테 『색채론』	베를린 대학 설립
1812	그림 형제 『동화집』
1813	빌란트 사망, 바그너 태어남
1814	괴테 『시와 진실』
1816	괴테 『이탈리아 기행』
1819 괴테 『서동 시집』	호프만 『세라피온의 형제들』 쇼펜하우어 『의지와 표상으로서의 세계』
1821 괴테 『빌헬름 마이스터의 편력시대』	나폴레옹 사망
1822	괴테 『프랑스 종군기』
1827	하이네 『노래의 책』
1828	칼 아우구스트 공작 사망
1831	괴테 『파우스트』 제2부 완성
1832	3월 22일 괴테 사망

참고문헌

(1) 작품

Goethes Werke. Hamburger Ausgabe. Hg. von Erich Trunz, 14 Bde., München 1989.

Goethes Werke. Frankfurter Ausgabe. Hg. von Dieter Borchmeyer u. a., 40 Bde., Frankfurt 1985 ff.

Goethes Werke. Weimarer Ausgabe. 133 Bde., Weimar 1887-1919.

Schillers Werke. Nationalausgabe. Weimar 1943 ff.

괴테, 요한 볼프강: 『빌헬름 마이스터의 수업시대 1, 2』, 안삼환 역, 민음사 1996.

_______: 『괴테 고전주의 희곡』, 윤도중 역, 집문당 1996.

_______: 『시 전집』, 전영애 역, 민음사 2009.

_______: 『시와 진실』, 최민숙 · 전영애 역, 민음사 2009.

_______: 『헤르만과 도로테아』, 이인웅 역, 지만지 2011.

레싱, 고트홀트 에프라임: 『라오콘』, 윤도중 역, 나남 2008.

_______: 『함부르크 연극론』, 윤도중 역, 지만지 2009.

빙켈만, 한스 요하임: 『그리스 미술 모방론』, 민주식 옮김, 이론과 실천 1995.

쉴러, 프리드리히: 『빌헬름 텔』, 이재영 역, 을유문화사 2009.

_______: 『인간의 미적 교육에 관한 서한: 쉴러의 미적 교육론』, 윤선구 외 옮김, 대화문화아카데미 2015.

_______: 『쉴러의 미학 · 예술론』, 장상용 옮김, 인하대학교 출판부 1999.

에우리피데스: 『에우리피데스 비극』, 천병희 역, 단국대학교 출판부 1999.

에커만, 요한 페터: 『괴테와의 대화 1, 2』, 장희창 역, 민음사 2008.

헤르더, 요한 고트프리트: 『인류의 교육을 위한 새로운 역사철학』, 안성찬 역, 한길사 2011.

호메로스: 『오뒤세이아』, 천병희 역, 단국대학교 출판부 1996.

칸트, 임마누엘: 『판단력 비판』, 백종현 역, 아카넷 2009.

(2) 연구문헌

김대권: 「레싱과 헤르더의 프리메이이슨 담론 및 『빌헬름 마이스터의 수업시대』의 탑의 결사」, 『독일문학』 115호 (2010), 5-33.

김병옥 외: 『도이치 문학 용어사전』, 서울대학교 출판부 2001.

김수용: 「고전주의 문학이론」, 지명렬 외: 『독일문학 사조사』, 서울대학교 출판부 1986, 208-234.

루카치, 게오르크: 「빌헬름 마이스터의 수업시대」, 『리얼리즘 문학의 실제비평』, 반성완 외 역, 까치 1987.

모레티, 프랑코: 『세상의 이치 - 유럽문화 속의 교양소설』, 성은애 역, 문학동네 2005.

바흐친, 미하일: 『말의 미학』, 김희숙 · 박종소 역, 도서출판 길 2006.

뵈르너, 페터: 『괴테』, 송동준 역, 한길사 1998.

브렌너, 페터: 『독일문학사』, 정인모 · 허영재 역, 새문사 2008.

슐라퍼, 하네로레: 『고전주의와 낭만주의』, 김선형 역, 경남대 출판부 1998.

아리스토텔레스: 『시학』, 천병희 역, 문예출판사 2004.

안삼환 (편): 『괴테, 그리고 그의 영원한 여성들』, 서울대 출판부 2005.

임홍배: 『괴테가 탐사한 근대』, 창비 2014.
장순란: 『바이마르 고전주의』, 한국문화사 2001.
장영태: 「고전주의 1786-1832」, 지명렬 외: 『독일문학 사조사』, 서울대학교 출판부 1986, 175-207.
전영애: 『괴테와 발라데』, 서울대학교 출판부 2007.
지명렬 외: 『독일문학 사조사』, 서울대학교 출판부 1986.
천병희: 『그리스 비극의 이해』, 문예출판사 2002.
쾨르너, 토어스텐: 『실러』, 정지인 역, 생각의 나무 2009.

Alt, Peter-André: Schiller I, II, München 2000.
Borchmeyer, Dieter: Weimarer Klassik, Weinheim 1994.
Darsow, Götz-Lothar: Friedrich Schiller, Stuttgart 2000.
Franke, Ursula: Bildung/Erziehung, ästhetische, in: Ästhetische Grundbegriffe, Bd. 1, Stuttgart 2000, 696-727.
Jeßing, Benedikt: Johann Wolfgang Goethe, Stuttgart 1995.
Kommerell, Max: Lessing und Aristoteles, 5. Aufl., Frankfurt a. M. 1984.
Mahoney, Dennis F.: The French Revolution and the Bildungsroman, in: Gerhart Hoffmeister (Hg.): The French Revolution and the Age of Goethe, Zürich/New York 1989, 127-143.
Meier, Albert: Klassik – Romantik, Stuttgart 2008.

Mülder-Bach, Inka: Sichtbartkeit und Lesbarkeit. Goethes Aufsatz *Über Laokoon*, in: Inge Baxmann u. a. (Hg.): Das Laokoon-Paradigma, Berlin 2000, 465-479.

Oellers, Norbert (Hg.): Interpretationen. Gedichte von Friedrich Schiller, Stuttgart 2008.

Osterkamp, Ernst: *Nänie*. Das Schöne im Mnemosynes Schoß, in: N. Oellers (2008), 282-297.

Schulz, Gerhard/Doering, Sabine: Klassik, München 2003.

Schulz, Gerhard: Klassik², Reallexikon der deutschen Literaturwissenschaft, Bd. II, Berlin 1997, 270-274.

Thomé, Horst: Klassik¹, in: Reallexikon der deutschen Literaturwissenschaft, Bd. II, Berlin 1997, 266-270.

Ueding, Gert: Klassik und Romantik, München 1988.

Voßkamp, Wilhelm: Klassisch, Klassik, Klassizismus, in: Ästhetische Grundbegriffe, Bd. 3, Stuttgart 2000, 289-305.

Weizsäcker, Carl: Einige Begriffe aus Goethes Naturwissenschaft, in: HA 13, 539-555.

Witte, Bernd u. a. (Hg.): Goethe-Handbuch, 4 Bde. Stuttgart 1996.

참고하면 좋은 책들

1. **천병희: 『그리스 비극의 이해』, 문예출판사 2002.**

고대 그리스 비극은 서양문학의 원류이며, 괴테와 쉴러의 독일 고전주의는 고대 그리스 문학과 예술을 이상적 전범으로 삼았다. 따라서 독일 고전주의를 이해하기 위해서는 고대 그리스 문학에 대한 이해가 필수적이다. 그리스 비극은 인간에 대한 깊은 성찰을 담고 있으며, 고대 그리스에서 시와 노래, 춤과 웅변술, 고급예술과 대중예술을 한데 묶은 종합예술로서 전 국민적 사랑을 받았다. 이 책은 고대 그리스 문학에 관한 최고 전문가로서 중요한 작품들을 거의 완역한 저자가 그리스 비극의 기원에 대한 상세한 설명과 그리스 3대 비극 작가인 아이스퀼로스, 소포클레스, 에우리피데스의 비극 31편에 관한 충실한 해설을 담고 있다.

2. **호메로스: 『오뒤세이아』, 천병희 역, 단국대학교 출판부 1996.**

호메로스의 서사시는 근대의 대표 장르인 소설의 원형으

로 무궁무진한 이야기의 원천이다. 괴테와 쉴러가 어째서 고대 그리스 문학을 이상으로 삼았는지 호메로스의 서사시를 읽어보면 구체적으로 실감할 수 있다. 호메로스는 인간과 세계, 자연과 우주를 구체적 형상으로 포착하면서도 총체적으로 묘사한다. 이 책은 호메로스의 『오뒤세이아』를 그리스어 원전에서 번역한 완역 정본으로, 독일 고전주의에 대한 이해를 위해서만이 아니라 문학 전공자들이 읽어야 할 필독서이다.

3. 전영애: 『괴테의 발라데』, 서울대학교 출판부 2001.

괴테는 '이야기 시'인 발라드(Ballade, 담시)를 '시'와 '드라마'와 '서사'라는 세 장르의 원형을 간직하고 있는 '알'에 비유했다. 따라서 발라드에 대한 이해는 문학의 세 장르에 대한 이해의 첩경이라 할 수 있다. 이 책은 괴테의 발라드를 완역한 것으로, 발라드의 장르적 특성을 노래의 요소, 운명성과 북구적 요소, 전통적 영웅시가의 계승, 자연의 마성 등으로 상세히 설명하고 있다. 또한 괴테의 대표적인 발라드를 국내 성악가들이 노래한 CD를 부록으로 싣고 있어서 발라드의 음악성을 즐기면서 감상할 수 있도록 하였다.

4. 쉴러: 『프리드리히 쉴러의 미적 교육론』, 윤선구 외 역, 대화문화아카데미 2015.

문학이론과 미학에 관심이 있는 독자는 이 책을 통해 독일 고전주의가 추구한 '미적 교육'과 '교양' 이상의 핵심을 접할 수 있다. 역자들은 오랜 기간 동안 이 책을 번역하면서 함께 토론하는 과정을 거쳤다. 그리고 칸트의 영향을 강하게 받은 쉴러가 이 책에서 구사하는 개념들에 대해 충실한 주석을 달아서 독자의 이해를 높이고 생각을 가다듬을 수 있도록 배려하였다.

〈문학의 기본 개념〉 총서를 펴내며

연세대학교 유럽사회문화연구소는 문학과 문화를 공부하는 이들을 위한 입문서로 〈문학의 기본 개념〉 총서를 펴냅니다. 이 총서는 문학을 배우거나 가르칠 때 자주 접하게 되는 주요 개념과 용어, 그리고 문학 현상과 관련된 여러 가지 주제와 이론을 쉽고 체계적으로 설명하는 책들로 꾸며집니다. 동시에 보다 심화된 공부를 위한 디딤돌로 사용할 수 있도록 국내의 연구 성과를 검토하고 최신의 연구 동향을 소개합니다.

지금까지 비슷한 시리즈나 연구서가 없었던 것은 아니지만, 외국 서적을 번역하거나 다루는 항목이 많지 않아서 입문서로서는 아쉬운 점이 많았습니다. 많은 경우 '우리'의 문학 입문서로서 갖추어야 할 현장감과 균형 감각이 크게 부족했고, 너무 전문적이라는 문제도 있었습니다. 우리나라의 문학연구 수준이 자체적으로 문학의 기본 개념을 집필할 수 있는 수준에 이르렀는데도 여전히 번역물에 의존하는 점도 아쉬웠습니다.

〈문학의 기본 개념〉 총서는 이러한 문제점을 인식하고

기획되었습니다. 우선 각 분야의 우리 연구자들이 직접 주제를 선정하고 집필하는 방식을 택하였습니다. 또한 번역물이 지닐 수 없는 미덕, 즉 우리말을 최대한 정확하고 유려하게 쓰고, 우리 문학 작품이나 국역된 외국 작품을 예문으로 삼아 설명함으로써 독자들의 이해를 돕고, 스스로 작품을 찾아 읽어볼 수 있게 배려하였습니다. 나아가 우리나라의 대학 교육현장에서 강의하고 연구한 경험이 배어있는 글쓰기를 추구하고자 하였습니다.

〈문학의 기본 개념〉 총서는 2001년 3월부터 필자를 공개 모집하기 시작하여 2003년 2월에 처음으로 1차분 네 권을 선보인 이래, 50권 발간을 목표로 꾸준히 출간되고 있습니다. 이 총서는 전국에 있는 모든 문학 연구자에게 집필의 장을 활짝 열어 놓고 있습니다. 소수의 전공자들만 읽는 학술지를 제외하고는 마땅한 글쓰기 장을 찾지 못했던 분들은 이 총서를 통해 좀 더 폭넓은 독자들과 만날 수 있을 것입니다. 뜻과 역량을 갖춘 연구자 여러분들의 적극적인 동참을 기대합니다. 유럽사회문화연구소 홈페이지(http://web.yonsei.ac.kr/ieurope)에 자세한 정보와 집필신청서가 있습니다.

이 총서가 출간되기까지 많은 이들이 헌신적으로 도우셨습니다. 총서를 기획하고 발판을 마련한 (전)유럽문화정보센터의 초대 연구소장인 고영석 교수와 특히, 온 힘을 다해 애써준 1기 편집 위원 이경덕, 윤정임, 안소현, 김경식, 한

수영, 이선미, 오정숙 선생의 노고를 기록해 두려 합니다. 또한 2기와 3기, 4기 편집 책임자인 김경식, 박은경, 신성엽 선생의 땀방울도 총서에 스며있습니다. 연세대학교는 연구비 지원을 통해 기획과 집필이 가능하도록 도와주었습니다. 고마운 일입니다. 연세대학교 대학출판문화원은 출판을 맡아 수고해 주셨습니다. 이 모든 노고를 통해 우리의 문학/문화 연구 기반이 더욱 탄탄해지기를 기대해 봅니다.